TCF®

Entraînement intensif

Français Langue Étrangère

TCF®

Entraînement intensif

Français Langue Étrangère

Julie Raemdonck

Enseignante en Français Langue Étrangère
et coordinatrice pédagogique,
Chef d'équipe pour le TCF au Centre International d'Études
Pédagogiques (CIEP)

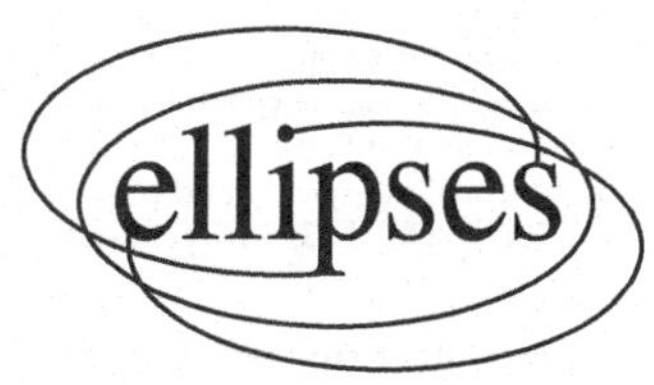

L'auteur remercie tout particulièrement Barbara James et René Palacios pour leurs conseils avisés et leur soutien tout au long de la rédaction de cet ouvrage.
L'auteur remercie également Marie Galassi, Murielle Vincent, Nicolas Magenham et Steven Raemdonck d'avoir prêter leurs voix lors de l'enregistrement des fichiers audio.

La totalité des fichiers audio est à télécharger gratuitement sur le site des éditions Ellipses : **www.editions-ellipses.fr**

ISBN 978-2-7298-6989-2

32, rue Bargue 75740 Paris cedex 15

www.editions-ellipses.fr

Introduction

Cet ouvrage est conçu pour tout type de public dont le français n'est pas la langue maternelle et qui souhaite se présenter au **Test de Connaissance du Français** (TCF®).

Il propose au candidat une préparation efficace et rigoureuse au TCF®.

TCF® Entraînement intensif peut être utilisé comme support de cours pour une préparation avec un professeur ou en autonomie pour s'exercer à son rythme et selon son niveau aux différentes épreuves du test.

L'ouvrage contient :

- une présentation détaillée du **Test de Connaissance du Français** (format des épreuves, durée, résultats...)
- des fiches récapitulatives des connaissances linguistiques par niveau
- des exercices d'entraînement corrigés
- des outils méthodologiques
- 2 tests complets corrigés

TCF® Entraînement intensif permettra au candidat de :

- faire le point sur ses connaissances en français
- comprendre le test et ses objectifs
- s'entraîner aux différentes épreuves (obligatoires et facultatives) et évaluer ses aptitudes
- se mettre en condition d'examen et acquérir les réflexes pour optimiser les résultats le jour du test

PARTIE 1
Présentation du Test de Connaissance du Français (TCF®)

Qu'est-ce que le TCF® ?

Le **Test de Connaissance du Français** (TCF®) est un test de niveau linguistique en français, conçu à la demande du ministère de l'Éducation nationale, de l'Enseignement supérieur et de la Recherche et administré par le Centre international d'études pédagogiques (CIEP).

Élaboré de manière méthodique et rigoureuse, le TCF® constitue un instrument de mesure extrêmement fiable qui **vous permettra de vous positionner sur l'un des six niveaux (de A1 à C2) de l'échelle des compétences langagières du Cadre européen commun de référence (CECR) définie par le Conseil de l'Europe** (voir le descriptif des niveaux page 15).

Vous pourrez ainsi faire reconnaître votre niveau de français dans le monde de l'éducation ou professionnel, tant en France qu'à l'étranger.

Le TCF® est conçu selon une **approche communicative**, représentative socio-linguistiquement de la vie réelle. Le français des exercices proposés est tel qu'on peut le rencontrer en France ou dans les pays francophones.

Qui peut passer le TCF® ?

Le TCF® s'adresse à toute personne dont **le français n'est pas la langue maternelle**.

Le test peut être passé dans un but :

- personnel → pour s'évaluer et améliorer son niveau
- professionnel → pour valider son niveau auprès d'une entreprise ou d'une institution
- académique → pour être admis dans un établissement d'enseignement supérieur (universités, écoles de commerce...)

Quelles sont les épreuves du TCF®?

✖ Le TCF® est composé de :

3 épreuves obligatoires (durée : 1 h 30)		
– Compréhension orale	30 items	25 minutes
– Structure de la langue	20 items	20 minutes
– Compréhension écrite	30 items	45 minutes
2 épreuves facultatives (durée : 2 h)		
– Compréhension orale		15 minutes
– Compréhension écrite		1 h 45

✖ Les épreuves obligatoires

Les épreuves obligatoires ont toujours lieu dans l'ordre suivant : compréhension orale, structure de la langue, compréhension écrite.

Elles comportent au total 80 exercices, présentés sous la forme de questions à choix multiple et par ordre croissant de difficulté.

Pour chaque question, il n'y a qu'une seule réponse correcte. Attention, en compréhension orale, vous n'entendrez l'enregistrement qu'une seule fois !

↳ Compréhension orale

- Le candidat sera capable de :
  - Comprendre un vocabulaire familier et des expressions courantes dans des situations de communication quotidienne (dialogues, discussion téléphonique, entretiens…)
  - Repérer l'essentiel des informations de messages et annonces courts, simples et clairs (publicité, radio, télévision…)

– Identifier le sujet d'une conversation
– Suivre des exposés portant sur des personnes, des faits ou des événements présentés de manière concrète ou abstraite
– Comprendre des informations présentées de manière complexe extraites d'émissions de radio, télévision sur des thèmes d'actualité ou sur des sujets rencontrés dans la vie personnelle, sociale ou professionnelle
– Comprendre un discours prononcé à un débit rapide

- Format des exercices :

NIVEAU A1 ET A2

Format n° 1		
Vous voyez	**Vous entendez**	**Vous cochez**
une image un dessin une photo	4 choix de réponses	La réponse correcte sur la feuille de réponse
	A. « C'est tout droit. » B. « C'est loin. » C. « C'est ici. » D. « C'est l'heure. »	Réponse C

Format n° 2		
Vous entendez	**Vous entendez**	**Vous cochez**
une question ou une annonce	4 choix de réponses	La réponse correcte sur la feuille de réponse
« – Où se trouve l'arrêt de bus, s'il vous plaît ? »	A. « C'est le numéro 65. » B. « Dans la première rue à droite. » C. « Il va boulevard Lenoir. » D. « Il est direct jusqu'à la gare. »	Réponse B

Format n° 3		
Vous entendez	**Vous lisez**	**Vous cochez**
une annonce suivie d'une question	4 choix de réponses	La réponse correcte sur la feuille de réponse
« Mesdames, Messieurs, « Bienvenue à bord du TGV 6207 à destination de Montpellier. Nous invitons les personnes accompagnant les voyageurs à bien vouloir descendre. Merci. » ➔ Que doivent faire les personnes accompagnant les voyageurs ?	A. Montrer leur carte d'identité B. Attendre le départ du train C. Vérifier l'heure d'arrivée D. Quitter le train avant le départ	Réponse D

NIVEAU B1 À C2

Vous entendez	Vous lisez	Vous cochez
un énoncé et un question	4 choix de réponses	La réponse correcte sur la feuille de réponse
« – Entreprise Grandservice, bonjour ! – Bonjour Madame, voilà, je vous appelle parce que j'ai participé à la réunion de direction hier et je pense que j'ai peut-être laissé mon agenda dans la salle de réunion. Est-ce que quelqu'un vous l'a donné ? – Malheureusement, nous n'avons rien trouvé Madame. Je suis vraiment désolée… – Oh la la, comment je vais faire pour me souvenir de tous mes rendez-vous maintenant… ? Bon, ce n'est pas grave, je vais chercher à nouveau dans mon sac. Merci. » ➔ Pourquoi la femme téléphone-t-elle ?	A. Parce qu'elle a oublié la date de la réunion. B. Parce qu'elle veut connaître l'adresse. C. Parce qu'elle a perdu quelque chose. D. Parce qu'elle souhaite parler au directeur.	Réponse C

↳ Structure de la langue : grammaire et lexique

- Le candidat sera capable de :
  - Maîtriser les structures de la langue (du plus simple au plus complexe)
  - Choisir la formulation correcte dans une structure syntaxique ou lexicale
  - Associer une formulation à une situation de communication donnée

- Format des items :

Vous lisez	Vous lisez	Vous cochez
Une phrase à trous	4 choix de réponses	La réponse correcte sur la feuille de réponse
Le dernier . . . . . . de notre magazine est désormais disponible en kiosque ou sur notre site Internet.	A. modèle B. exemple C. numéro D. aperçu	Réponse C
S'il . . . . . . beau pendant nos vacances, nous aurions pu aller nous promener plus souvent.	A. avait fait B. a fait C. aurait fait D. ait fait	Réponse A

↳ Compréhension écrite

- Le candidat sera capable de :
  - Identifier des informations générales et détaillées contenues dans des documents de la vie quotidienne (messages courts et simples, lettres amicales, professionnelles ou administratives, horaires, menus, brochures, annonces…).
  - Comprendre des informations précises sur des personnes, des faits ou des événements.

– Comprendre des textes complexes portant sur des thèmes concrets ou abstraits (articles, comptes rendus, extraits d'œuvres littéraires, ouvrages spécialisés…).

– Comprendre la prise de position de l'auteur.

- Format des items

Vous lisez	Vous lisez	Vous cochez
Un énoncé	Une question et 4 choix de réponses	La réponse correcte sur la feuille de réponse
Chère Madame, Vous avez souscrit il y a deux ans à notre contrat « Super Assurances » et nous vous remercions de votre confiance et fidélité. Les montants de vos cotisations vous seront communiqués dans un courrier séparé. Nous vous rappelons que vous avez la possibilité de mettre un terme à ce contrat. Pour cela, vous devez nous adresser votre demande par courrier uniquement. Nous restons à votre disposition pour toute précision dont vous auriez besoin. Cordiales salutations, Votre conseillère.	➔ De quoi la personne est-elle informée dans cette lettre ? A. Du renouvellement automatique de sa carte. B. Des modalités de gestion de son contrat. C. D'une nouvelle condition d'assurance. D. Des nouvelles coordonnées de l'organisme.	Réponse B

✖ Les épreuves facultatives

⇘ Expression orale

Cette épreuve prend la forme d'un entretien spontané de 15 minutes sans temps de préparation préalable et passé de manière individuelle avec un examinateur.

Selon le niveau, les questions posées testent les capacités du candidat à :

- Décrire des lieux ou des personnes
- Parler de ses activités et de son environnement quotidiens (professionnels, académiques...)
- Parler d'événements ou expériences passés et futurs
- Raconter un projet, une idée ou une histoire (intrigue d'un livre ou d'un film)
- Exprimer ses réactions, son opinion (accord ou désaccord), expliquer les avantages et inconvénients
- Exposer de manière claire et structurée une argumentation dans un style approprié au contexte proposé
- Présenter et développer de manière détaillée des sujets complexes

↳ Expression écrite

Cette épreuve comprend six exercices présentés dans un ordre croissant de difficulté. Le candidat doit impérativement faire chaque exercice. Aucun document (dictionnaire, etc.) n'est autorisé durant l'épreuve.

Les exercices portent sur la rédaction :

- d'un message simple : carte postale, note... (environ 40 mots)
- d'une lettre personnelle portant sur des situations de la vie quotidienne et utilisant un vocabulaire courant (environ 60 mots)
- d'un récit rendant compte d'une expérience, d'une opinion, d'un souhait (environ 80 mots)
- d'un article développant une argumentation et exposant un point de vue (environ 100 mots)
- d'un texte comparant deux opinions sur un thème général et exprimant sa prise de position (100 à 125 mots)
- d'un compte rendu ou d'une synthèse à partir d'un article en reformulant les idées principales et présentant un point de vue argumenté (environ 100 mots)

Le candidat sera évalué sur sa capacité à :

- transmettre un message de façon claire
- fournir les informations demandées
- enchaîner les idées de manière cohérente
- exprimer son opinion et l'argumenter
- utiliser le vocabulaire adapté à l'exercice demandé
- maîtriser des structures complexes
- synthétiser et reformuler

Où et quand peut-on passer le TCF® ?

Le TCF® peut être présenté tout au long de l'année dans de nombreux pays du monde dans des centres de passation agrées dont la liste est disponible sur : **www.ciep.fr**

Les résultats

Les résultats obtenus sont traduits en six niveaux, de « élémentaire » (A1) à « supérieur avancé » (C2), définis en référence au Cadre européen commun de référence pour les langues du Conseil de l'Europe.

Chaque candidat reçoit :

- un **résultat global** et une indication de niveau sur l'échelle du Conseil de l'Europe
- un **résultat détaillé** pour chacune des épreuves avec une indication de son niveau.

Les résultats sont valables deux ans à partir de la date de passation du test.

Description des 6 niveaux du Cadre européen commun de référence pour les langues (CECRL)

UTILISATEUR ÉLÉMENTAIRE		
A1	introductif ou découverte	L'étudiant peut : – comprendre et utiliser des expressions familières et quotidiennes ainsi que des énoncés très simples qui visent à satisfaire des besoins concrets – se présenter ou présenter quelqu'un – poser à une personne des questions la concernant (lieu d'habitation, relations, ce qui lui appartient…) – répondre au même type de questions – communiquer de façon simple si l'interlocuteur parle lentement et distinctement et se montre coopératif
A2	intermédiaire ou de survie	L'étudiant peut : – comprendre des phrases isolées et des expressions fréquemment utilisées en relation avec des domaines immédiats de priorité (informations personnelles ou familiales, achats, environnement proche, travail) – communiquer lors de tâches simples et habituelles ne demandant qu'un échange d'informations simples et directes sur des sujets familiers et habituels – décrire avec des moyens simples sa formation, son environnement immédiat et évoquer des sujets familiers et habituels ou qui correspondent à des besoins immédiats

UTILISATEUR INDÉPENDANT		
B1	seuil	L'étudiant peut : – comprendre les points essentiels quand un langage clair et standard est utilisé et s'il s'agit de choses familières dans le travail, à l'école, les loisirs… – se débrouiller dans la plupart des situations rencontrées en voyage dans une région où la langue est parlée – produire un discours simple et cohérent sur des sujets familiers et dans ses domaines d'intérêt – raconter un événement, une expérience ou un rêve, décrire un espoir ou un but et exposer brièvement des raisons ou explications pour un projet ou une idée
B2	avancé ou indépendant	L'étudiant peut : – comprendre le contenu essentiel de sujets concrets ou abstraits dans un texte complexe, y compris une discussion technique dans sa spécialité – communiquer avec un degré de spontanéité et d'aisance telle qu'une conversation avec un locuteur natif ne comportant de tension ni pour l'un ni pour l'autre – s'exprimer de façon claire et détaillée sur une grande gamme de sujets – émettre un avis sur un sujet d'actualité – exposer les avantages et inconvénients de différentes possibilités

UTILISATEUR EXPÉRIMENTÉ		
C1	autonome	L'étudiant peut : – comprendre une grande gamme de textes longs et exigeants, ainsi que de saisir des significations implicites – s'exprimer spontanément et couramment sans trop apparemment devoir chercher ses mots – utiliser la langue de façon efficace et souple dans sa vie sociale, professionnelle ou académique – s'exprimer sur des sujets complexes de façon claire et bien structurée – manifester son contrôle des outils d'organisation, d'articulation et de cohésion du discours
C2	maîtrise	L'étudiant peut : – comprendre sans effort pratiquement tout ce qu'il lit ou entend – restituer faits et arguments de diverses sources écrites et orales en les résumant de façon cohérente – s'exprimer spontanément, très couramment et de façon précise – rendre distinctes de fines nuances de sens en rapport avec des sujets complexes

Tableau élaboré à partir des critères fixés par le Cadre européen commun de référence pour les langues du Conseil de l'Europe, DR.

PARTIE 2
Faites le point de vos connaissances

Ces fiches méthodologiques ont pour objectif de fournir au candidat une liste des principales notions grammaticales, lexicales et actes de parole pour chaque niveau. Pour des raisons matérielles et pédagogiques, elles ne sont pas exhaustives.

NIVEAU A1

Notions grammaticales

Être/Avoir au présent	Je suis, tu es, il/elle est, nous sommes… J'ai, tu as, il/elle a, nous avons…
Les verbes au présent du 1er groupe (–er)	Exemples : aimer, parler, donner, travailler, chanter… Je parle, tu parles, il/elle parle, nous parlons, vous parlez, ils/elles parlent
Le présent progressif (être en train de + verbe)	Je suis en train de lire, tu es en train de regarder la télévision…
Le passé récent (venir de…)	J'ai raté le bus, il vient de passer
Le futur proche (aller + infinitif)	Cet après-midi, je vais aller à la piscine
Le passé composé avec l'auxiliaire « avoir »	J'ai parlé, tu as parlé, il/elle a parlé, nous avons parlé, vous avez parlé, ils/elles ont parlé
Les verbes + infinitif (vouloir, devoir, pouvoir…)	Il veut parler, je dois travailler, nous pouvons commencer…
Les pronoms personnels sujets	je, tu, il/elle, nous, vous, ils/elles
Les pronoms toniques	moi, toi, lui, nous, vous, eux, elles
Les présentateurs	il y a, il est, c'est, ce sont, voilà…
Les articles définis	le, la, les
Les articles indéfinis	un, une, des
L'article partitif	du, de la, de l', des
L'absence d'article	Une robe à fleurs, être professeur…
Les adjectifs : accord et place	Un grand garçon/une grande fille, une table ronde/des tables rondes…
Les accords : masculin/féminin – singulier/pluriel	Un étudiant/une étudiante, des étudiants/des étudiantes

La négation simple (ne… pas)	Je ne parle pas français, je n'aime pas le chocolat.
La négation des articles	J'aime le chocolat/je n'aime pas le chocolat, j'ai un chien/je n'ai pas de chien…
Les prépositions de lieu + pays (à, en, au, aux + pays/ville…)	En France, au Canada, aux États-Unis, à Madrid…
Les adverbes de temps	Hier, aujourd'hui, demain…
Les adverbes de quantité	Un peu, beaucoup, un kilo de…, une bouteille de…
Les adverbes d'intensité	Trop, très…
L'interrogation simple (avec intonation + « est-ce que »)	Tu as des enfants ? Est-ce que tu as des enfants ?
Les pronoms interrogatifs (où ?, quand ?, combien ?, qui ?, que ?…)	Où habitez-vous ? Que fais-tu ? Qui est cette personne ? Quand viens-tu me voir ?
Les adjectifs possessifs	Mon, ta, ses, leur…
Les adjectifs démonstratifs	Ce, cet, cette, ces
Les expressions de quantité	Un peu de, beaucoup de…
La forme impersonnelle simple (il fait, il y a…)	Il fait beau, il y a du vent…

Vocabulaire

L'alphabet	a b c d e f g h i j k l m n o p q r s t u v w x y z
Les salutations	bonjour, au revoir, à bientôt, salut…
Les formules de politesse simples	merci, je vous remercie, de rien, je vous en prie, excusez-moi, pardon…
Les pays, nationalités et langues	**Noms de pays féminins :** la France → français/-se → le français la Chine → chinois/-se → le chinois la Pologne → polonais/-aise → le polonais **Noms de pays masculins :** le Canada → canadien/-ienne le Maroc → marocain/-ne le Japon → japonais/-se → le japonais
La famille, l'état civil	enfant, adulte, parents, frère/sœur, grand-père/grand-mère, fils/fille, beaux-parents… être marié(e), célibataire…
Les loisirs	le temps libre, les jeux, le sport, le cinéma, les restaurants, les sorties…
Les études	l'école, le professeur, la classe, l'étudiant, l'examen, apprendre, enseigner…
Les nombres/l'âge	avoir 42 ans, être adulte/enfant… Je suis né le 12 juin 1976…
La météo/le climat	Quel temps fait-il ? Il fait beau/froid/humide… Il y a de la pluie/du soleil/du vent/de l'orage…
Les professions	un avocat – une avocate un libraire – une libraire un musicien – une musicienne un boulanger – une boulangère un acteur – une actrice un vendeur – une vendeuse un champion – une championne être + profession : je suis médecin travailler comme + profession : Je travaille comme médecin

L'heure, le temps	un quart d'heure, une demi-heure, trois heures moins le quart, deux heures et demie… le matin, le soir, la journée, la nuit Quelle heure est-il ? À quelle heure ? les jours, les mois, la date, les saisons…
La nourriture/ les produits alimentaires	le pain, la viande, le poisson, l'eau, le vin, le jus de fruits…
Les commerces	la nourriture le marché, un supermarché, un magasin… Chez le boucher on achète de la viande… À la boulangerie, on achète du pain… les prix
Le logement	habiter une maison, un appartement, un studio, avec/sans jardin, le salon, la salle à manger, la chambre, la salle de bains, la cuisine… déménager/emménager/acheter/vendre/louer…
Les couleurs et les formes	rouge, bleu, jaune, vert… carré, rond, rectangulaire, ovale…
La description physique	être grand/petit/mince/gros… avoir les yeux bleus/marrons/verts, les cheveux blonds/bruns/roux/gris… mesurer 1,70 mètre, peser 60 kg… paraître vieux/jeune…
La mode	les vêtements s'habiller/se déshabiller/porter un pantalon, une jupe… mettre une robe, un manteau… la taille des vêtements, la pointure des chaussures…
Les moyens de transports	la voiture, le train, l'avion, la moto, le vélo…
Les directions	tourner à droite, continuer tout droit, prendre à gauche, traverser le pont…

↳ Savoir-faire

Épeler	Je suis Pierre Dupont : D-U-P-O-N-T
Saluer, (se) présenter, parler de soi, prendre congé	Bonjour, je m'appelle Pierre Dupont. J'ai 43 ans. J'habite à Paris et je suis médecin… Je travaille comme professeur, je suis marié/célibataire, j'ai 2 enfants/je n'ai pas d'enfants, j'aime lire, faire du sport. Je joue au football… Je vous présente M. Laplace/Enchanté ! Bonsoir, bonne nuit, à bientôt, à plus tard…
Accueillir/Faire connaissance	Comment allez-vous ? Ça va bien merci et vous ?/Ça ne va pas très bien…
S'excuser/excuser	Excusez-moi ! Pardon ! Je suis désolé(e), je vous prie de m'excuser…
Exprimer ses goûts de manière simple	J'aime/j'aime beaucoup/ça me plaît/je n'aime pas/ça ne me plaît pas…
(Se) situer dans le temps et l'espace	Je cherche la station de métro ?/Il faut traverser le pont, continuer tout droit… Le vase est situé sur la table/la chaise est à côté du mur…
Décrire	un lieu, une personne, un objet…
Poser des questions/ répondre	Où habitez-vous ? Est-ce que vous connaissez Paris ? Tu as des amis français ?
Faire des achats simples	Je voudrais un kilo de tomates. Avec ceci ? Ça sera tout merci !
Demander/donner des renseignements	Est-ce que je peux avoir…/vous pouvez m'expliquer comment fonctionne la machine ?… Qu'est-ce que je dois faire pour… ? Je peux vous renseigner ?

NIVEAU A2

↳ Notions grammaticales

Les verbes au présent du 2e (-ir) et 3e groupe (-re, -ir, -oir)	2e groupe (-ir) : finir 3e groupe (-re) : prendre 3e groupe (-ir) : ouvrir 3e groupe (-oir, -re) : recevoir, rendre
Les verbes pronominaux et réciproques au présent	Se lever, se rencontrer, se téléphoner...
Le passé composé avec être et verbes pronominaux	Nous sommes allés, ils se sont promenés.
L'imparfait	Il y avait, il était, il faisait, je parlais, nous dansions
Le futur proche/futur simple	Je vais prendre rendez-vous, je prendrai rendez-vous...
L'impératif + la forme négative	(Ne) prends (pas)/Prenons/Prenez le train !
Le conditionnel de politesse	Je voudrais, pourriez-vous... ?
Les pronoms personnels sujets/toniques/réflexifs	Je/moi/me, il/elle/lui/se...
Les pronoms possessifs	Le mien, la sienne, les leurs...
Les pronoms démonstratifs	Celui-ci, celle-là, ceux-ci...
Les pronoms interrogatifs (lequel ?, laquelle ?...)	Tu aimes cette chemise ? Laquelle ? La bleue ou la rouge ?
La phrase interro-négative et réponses	– J'adore Paris ! – Moi aussi – Je n'aime pas le froid ! – Moi non plus – Je n'aime pas cuisiner ! – Moi si !
Les trois formes d'interrogation	Où habitez-vous ? Vous habitez où ? Où est-ce que vous habitez ?

La négation	Ne… jamais, ne…rien, ne… personne, ne… plus…
Les prépositions de lieu	À côté de, devant, loin de, sur…
Les prépositions de temps	À partir, avant, après…
Les adverbes de lieu	Devant, en face…
Les adverbes de temps	Le lendemain…
Le comparatif/superlatif	Il est plus grand que son frère. Nous travaillons moins que nos collègues. Il faut aussi beau qu'hier. Je gagne autant d'argent que mon ami.
Quelques articulateurs logiques simples	Et, ou, alors, mais, parce que…

Vocabulaire

Les activités quotidiennes	Se réveiller, se lever/se coucher, faire sa toilette, travailler, étudier, faire du sport, regarder la télévision, faire les courses, le ménage…)
Le caractère, la personnalité	Être sympathique, gentil/méchant, courageux, timide…, avoir de la patience, de l'humour, bon/mauvais caractère…)
Les sentiments/émotions	Être heureux/malheureux, triste/joyeux, inquiet…)
Les lieux/les commerces	Le restaurant, la banque, l'hôtel, la rue, les magasins…

Les loisirs	Faire du sport, du bricolage, du jardinage… Jouer au tennis/football… Jouer à des jeux de société… Pratiquer la course à pied… S'entraîner 2 fois par semaine…
Les études/le travail	Étudier/enseigner une matière, suivre/donner un cours Réviser ses leçons Travailler comme + profession Être + profession…
Les quantités/les mesures	Un kilo de…, un paquet de…, une douzaine de…
La cuisine	Les repas, les aliments, les ustensiles de cuisine…
L'argent	La monnaie, payer par carte/chèque/en espèces, la banque…
Les voyages, les vacances, les transports	Partir en vacances, prendre des vacances… Dormir à l'hôtel, dans un gîte… Passer des vacances à la montagne, au bord de la mer… Prendre le bus, l'avion… Voyager en train, en avion, en voiture…
Les animaux/les végétaux	Un chat, un chien… S'occuper d'animaux, élever des animaux… Une fleur, une plante, un arbre…
La santé/le corps humain	Les parties du corps : la tête, les bras, les jambes, les pieds, les mains… Le médecin, être malade/en bonne santé, être en forme…, avoir mal à la gorge/à la tête…
Les technologies	La télévision, la radio, le téléphone, l'ordinateur…

↳ Savoir-faire

Parler de son environnement quotidien, des ses activités	Le matin, je me lève à 7h, j'emmène les enfants à l'école, je vais au travail. Je suis responsable du service Marketing et j'ai beaucoup de travail. J'ai souvent des réunions. Le soir, je rentre tard. Je dîne avec ma famille et je me couche vers 23 heures.
Exprimer ses préférences	J'aime, je n'aime pas, j'adore/je déteste, je préfère…
Raconter des événements au passé	Hier, je suis allé au cinéma. J'ai vu un film français. Le soir, je me suis couché à 23 heures…
Parler du futur Exprimer des projets	Je vais changer de travail, j'ai l'intention de voyager beaucoup…
Inviter/proposer	Vous voulez un café ? Tu es libre demain soir ? Si on allait au restaurant ?
Accepter/refuser	Avec plaisir, volontiers, non merci, désolé, je suis pris(e), je ne suis pas libre…
Donner des conseils simples	À ta place, tu devrais, je te conseille de…
Exprimer un ordre Donner des consignes	Faites votre travail ! Assieds-toi ! Allons-y !
Donner/demander son opinion de manière simple	À mon avis, d'après moi, selon moi, je pense que, je suis pour/contre… quelle est ton opinion ?
Faire des comparaisons simples	Je préfère la musique rock plus que la musique classique parce que c'est plus rythmé.
Faire des achats	Je voudrais…, il me faudrait…, je vais prendre…
Téléphoner/Laisser – répondre à un message	Téléphoner à quelqu'un, laisser un message, être en ligne, se tromper de numéro…
Prendre et donner rendez-vous	Prendre rendez-vous Annuler/modifier/reporter un rendez-vous…

NIVEAU B1

Notions grammaticales

L'imparfait	Je parlais, il jouait, nous faisions, vous preniez, ils travaillaient…
L'utilisation du passé composé et de l'imparfait	Hier, je suis allé au marché, il y avait beaucoup de monde
Le conditionnel présent	La politesse : je voudrais, vous pourriez… Je parlerais, il jouerait, nous ferions, vous prendriez, ils travailleraient…
L'impératif	(Ne) Prends (pas)/Prenons/Prenez le train !
Le participe présent/gérondif	Parlant/en parlant
Accord du participe passé avec être/avoir	Elles se sont réveillées, les fleurs que tu m'as envoyées…
Le subjonctif présent	Quelques verbes d'opinion : je pense/trouve/crois que/il me semble que… Quelques verbes de sentiment : je suis heureux/triste/mécontent… que + subjonctif… Quelques conjonctions suivies du subjonctif : jusqu'à ce que, avant que, bien que, pour que…
Les pronoms relatifs simples	Qui/que/dont/où
Les pronoms compléments	Me, te, le, les, la…/lui/leur…/en/y
Les doubles pronoms	Je le lui donne, il leur en donne…
Le comparatif	Il est plus/moins/aussi âgé que moi. Elle a plus/moins/autant de patience que son mari. Je parle plus/moins/autant que toi.
Le superlatif	Il est le plus gentil de tous. J'ai la plus grande maison.

La négation et la restriction	Sans, ni…ni, ne … que
L'expression du temps	Depuis, pendant, pour, il y a, en, dans…
Les adverbes de manière (-ment)	Il parle tranquillement, il faut agir calmement…
Les adverbes de fréquence	Rarement, toujours, parfois…
Quelques articulateurs chronologiques du discours	D'abord, puis, enfin… Premièrement… deuxièmement…
Quelques articulateurs logiques simples	Donc, alors, comme, puisque…

↳ Vocabulaire

Les loisirs	Les vacances, les jeux, les rencontres, les sorties, les excursions… Aller au restaurant, au cinéma, voir des amis/sa famille…
Le corps/les mouvements	Le corps humain, les cinq sens, être debout/assis, allongé, se mettre debout, se tenir droit, se pencher…
Les émotions, les sentiments	Être joyeux/triste, être de bonne/mauvaise humeur, bien/mal s'entendre avec quelqu'un, être stressé/déçu/ému/émerveillé…
La communication	Parler à quelqu'un de quelque chose, raconter une histoire, bavarder, expliquer la situation, poser une question à quelqu'un, écouter, se taire…
Les études	Le parcours scolaire, le programme d'études, les échanges scolaires…
L'entreprise/l'emploi	Envoyer sa candidature, rédiger une lettre de motivation/un CV, rechercher un emploi, gérer une équipe…
Le milieu naturel	L'environnement, l'air, l'eau, la pollution, l'urbanisme…

Les services	La banque, la poste, l'administration…
L'argent	Les modes de règlement (en liquide, par chèque, par carte…) Avoir de l'argent, ouvrir un compte, emprunter/rembourser de l'argent…
Les arts	Le cinéma, la littérature, la musique…

↳ Savoir-faire

Caractériser quelqu'un ou quelque chose	Décrire un objet, une personne, un lieu, un phénomène…
Exprimer ses préférences	Je préfère, j'aime mieux, j'aime surtout, cela m'est égal/je n'aime pas du tout, je déteste, j'ai horreur de…
Raconter un événement au passé	Hier, je suis allé à la plage, il faisait très chaud. Je me suis baigné et le soir je suis sortie avec des amis.
Évoquer des souvenirs	Quand j'étais enfant, le matin, j'allais à l'école l'après-midi, je faisais mes devoirs et jouais avec mes amis.
Parler de l'avenir	L'année prochaine, dans 6 mois… Je pense, j'envisage de, je compte, j'aimerais…
(Se) situer dans l'espace et le temps	La localisation La description d'un itinéraire L'origine, le moment, la durée et la fréquence d'une action
Demander des conseils/ conseiller/déconseiller	Qu'est-ce que tu me conseilles ? J'ai un conseil à te demander. Qu'est ce je devrais faire ? Je te/vous conseille de… Tu devrais…/vous devriez… Tu pourrais…/vous pourriez Si j'étais toi/vous… + conditionnel

Proposer, suggérer/ accepter, refuser	Voulez-vous un café ? Tu as envie d'aller au ciné ? Ça te/vous dit de faire une promenade ? Avec plaisir ! Volontiers ! Oui, j'aimerais bien ! Non ça ne me dit rien !
Demander et exprimer son opinion Exprimer un jugement	Quel est votre avis/opinion sur… ? Que penses-tu/pensez-vous de… ? Je pense/crois/trouve que…, selon moi…, à mon avis… Je (ne) suis (pas) d'accord/je suis tout à fait/pas du tout d'accord avec toi/vous Je suis pour/contre…

NIVEAU B2

Notions grammaticales

Le plus-que-parfait	J'avais parlé, il avait travaillé, nous étions partis, ils s'étaient promenés…
Le futur antérieur	J'aurai pris, il aura travaillé, nous serons partis, ils se seront promenés…
Le participe présent et le gérondif	Chantant/en chantant Mangeant/en mangeant Finissant/en finissant Recevant/en recevant
Le conditionnel présent et passé	Je travaillerais/j'aurais travaillé Nous finirions/nous aurions fini Ils se lèveront/ils se seraient levés
Le subjonctif présent et passé	Il faut que je travaille/il faut que j'aie travaillé Il faut que nous finissions/il faut que nous ayons fini… Il faut qu'ils se lèvent/il faut qu'ils se soient levés

L'accord du participe passé avec être/avoir	Les fleurs que j'ai achetées sont jolies, les étudiants ont été diplômés...
L'infinitif passé	avoir fini, être parti, s'être promené...
Le passif	ce texte a été rédigé par un célèbre journaliste, les fenêtres ont été lavées par la femme de ménage...
Le discours rapporté au présent	Tu peux venir? → Il me demande si je peux venir.
Les conjonctions + subjonctif	... jusqu'à ce que tu viennes ... bien que tu sois parti ... de sorte que tu travailles ... afin que vous ayez un résultat
Les adjectifs + prépositions à/de	Être heureux de... être prêt à...
Les pronoms relatifs composés	lequel, laquelle, auquel, de laquelle...
La mise en relief	c'est... + pronom relatif/ ce qui... c'est...
Les adjectifs indéfinis	aucun, certain, quelque, plusieurs...
Les pronoms indéfinis	n'importe qui, chacun, tout, tous...
L'expression de l'hypothèse : les phrases avec « si »	Si je gagnais plus d'argent, je voyagerais plus. Si tu viens demain, appelle-moi ! Si nous avions pu, nous aurions aimé vous voir.
La construction des verbes + préposition à ou de	Décider de, rêver de, penser à, apprendre à...
Les constructions impersonnelles	Il est possible que, il est nécessaire que...
Les articulateurs logiques	But, cause, conséquence, hypothèse-condition, opposition, concession, restriction

↳ Vocabulaire

Les faits de société	Les faits divers, une escroquerie, un cambriolage, une enquête…
La politique	L'État, les partis politiques, l'élection, les sondages, les relations internationales, les manifestations…
L'éducation	Le parcours scolaire (faire des études, faire de la recherche, rédiger/soutenir une thèse…) Les disciplines étudiées
L'environnement, le climat	La pollution, le changement climatique, le recyclage, les catastrophes naturelles…
L'industrie et la technologie	Le paysage industriel, la production, l'innovation, le progrès technologique, la recherche de pointe…
La mode	Les vêtements, le style vestimentaire, la coupe…
Le monde du travail	L'organisation du travail, le recrutement, le marché de l'emploi, la formation, les salaires…
L'économie	Le commerce, le monde des affaires, les finances…
Les sciences	La recherche, le progrès scientifique, les découvertes médicales…
Le tourisme	Les voyages, l'équipement du voyageur, les avantages/dégâts du tourisme, l'industrie touristique…
L'art	la musique, la peinture, la sculpture, l'architecture, le cinéma, la photographie…
Les sports	L'entraînement, la compétition, la victoire, la défaite, l'esprit sportif…

Savoir-faire

Demander/donner des informations de manière précise
Exprimer la possibilité/probabilité, la crainte, l'obligation, l'interdiction...
Exprimer ses sentiments : peur, joie, satisfaction, colère, regret, espoir...
Rapporter les paroles de quelqu'un
Faire une présentation détaillée
Exprimer et répondre à des hypothèses
Exprimer son point de vue sur un problème : présenter les avantages/ inconvénients, comparer, analyser, critiquer
Exprimer des relations logiques (cause/conséquence, opposition, concession...)
Résumer et commenter une intrigue, une histoire, les nouvelles
Développer une argumentation/convaincre

NIVEAU C1

Notions grammaticales

Révision de tous les modes et temps verbaux	Indicatif : présent, passé composé, imparfait, plus-que-parfait, passé simple, futur simple, futur antérieur Subjonctif : présent, passé Conditionnel : présent, passé Impératif : présent, passé Infinitif : présent, passé Participe : présent, passé
La concordance des temps	Antériorité, simultanéité, postériorité

Le passé simple	J'allai, tu allas, il/elle alla, nous allâmes, vous allâtes, ils/elles allèrent
Le discours rapporté au passé	J'ai été stupide, je suis désolé ! → il a dit qu'il avait été stupide et qu'il était désolé.
La négation (toutes les formes)	Non, ne...pas, ne...ni...ni..., ne... rien, rien ne..., ne... personne, personne ne..., ne... aucun(e), aucun(e) ne..., ne... nulle part, nulle part... ne, ne... jamais, jamais... ne..., ne... pas encore, ne... plus, ne... guère, ne... que, sans...,
Les adjectifs et pronoms indéfinis	Quelque, certain, aucun, tout, toute, tous, toutes, n'importe quel, chaque, chacun, plusieurs...
La nominalisation	Augmenter → l'augmentation Répondre → la réponse Une découverte → découvrir Une proposition → proposer
L'expression de la cause/ conséquence/but	Cause : en raison de, à cause de, grâce à, puisque, étant donné, sous prétexte que... Conséquence : c'est pourquoi, d'où, alors, donc, si bien que, de sorte que... But : pour, de façon à, en vue de, pour que, de sorte que, afin que...
L'expression de l'hypothèse et condition	Phrase avec « si » : si je t'avais écouté, j'aurais eu une meilleure note Au cas où, à condition que, à moins que, pourvu que...
L'expression de l'opposition et de la concession	Opposition : Au lieu de, pourtant, néanmoins, tandis que, en revanche... Concession : malgré, en dépit de, bien que, même si...
Les articulateurs temporels	Quand, lorsque, aussitôt que, dès que, chaque fois que, au moment où, tant que...

La construction des verbes	impersonnelle, pronominale, + subjonctif/indicatif…
Les degrés d'intensité	superlatifs, adverbes, préfixes et suffixes

↳ Vocabulaire

Le lexique pourra être abordé d'un point de vue général mais aussi spécialisé (vocabulaire professionnel, technique ou de spécialité).	
La société	L'organisation de la société, les tensions sociales, les loisirs…
L'économie, le commerce, la finance	L'industrie, l'argent, la banque, le marketing, la publicité, les échanges commerciaux…
L'écologie/l'environnement	Les conditions climatiques, les formes de pollution, les problématiques écologiques (la déforestation, la protection des espèces, la biodiversité…), les catastrophes naturelles…
La vie politique	L'organisation politique, les tendances politiques, le pouvoir, les élections, l'activité politique…
Les relations internationales	La diplomatie, les relations diplomatiques, la guerre, les négociations…
Le monde des affaires	L'entreprise, l'organigramme, les services/départements, la création, l'acquisition/vente, faillite d'une entreprise, la restructuration, les marchés financiers, la banque, la bourse…
La loi et l'ordre	La justice, le droit, les crimes, l'ordre public, l'enquête policière, les preuves, le tribunal, le procès, la condamnation…
Les religions	Les tendances religieuses, la morale, la pratique, l'église…

Les médias	La presse écrite/orale, le journalisme, l'actualité, le rôle de la presse…
La culture/l'art	Être amateur de…, passionné de… Faire une collection de… Avoir du talent pour… avoir un don pour… Le jugement esthétique
La santé	Le système de santé, la santé publique, la médecine, le progrès de la médecine, la recherche, la prévention…
Quelques expressions idiomatiques et imagées	« Avoir le cœur sur la main », « se lever du pied gauche », « prendre ses jambes à son cou »…
Enrichissement lexical	synonymes et antonymes, polysémie, faux amis, sigles…

↳ Savoir-faire

Réemploi et approfondissement des savoir-faire des niveaux précédents	
Présenter	Faire une présentation claire, détaillée, structurée Introduire le sujet Développer des idées principales et secondaires Illustrer par des exemples Comparer
Exprimer son opinion	Prendre position Argumenter, convaincre Critiquer, nuancer, contredire, insister… Comprendre et exprimer des opinions implicites
Rapporter un discours, des faits	Reformuler Paraphraser Résumer/synthétiser Rendre compte

Prendre la parole en public	Exposer Démontrer Convaincre Contredire
Caractériser	Exprimer son sentiment Comprendre et exprimer des degrés d'appréciation et d'intensité Comprendre les niveaux de langue (familier, courant, argotique…)

NIVEAU C2

Notions grammaticales

Réutilisation et approfondissement des notions grammaticales étudiés aux niveaux précédents.

Vocabulaire

Enrichissement des champs lexicaux étudiés aux niveaux précédents	
Utilisation du vocabulaire spécialisé sur des sujets abstraits ou complexes	
Les figures de style	Antiphrase, métaphores périphrase, euphémisme…
Les expressions idiomatiques/ imagées	« Tomber dans les pommes », « se lever du pied gauche », « avoir le coup de foudre »…
Les expressions familières, populaires ou régionales, les jeux de mots	« Avoir du pot » = avoir de la chance « il n'y a pas un chat » = il n'y a personne…
Les registres et nuances de la langue	Implicite, connoté, humoristique, ironique, satirique…

Savoir-faire

Approfondissement des savoir-faire des niveaux précédents
Comprendre et s'exprimer sur des sujets abstraits ou complexes
Comprendre et expliquer le sens explicite ou implicite
Présenter une description ou une argumentation dans un discours élaboré et fluide
Faire la synthèse de diverses sources d'informations et en présenter les arguments de manière cohérente

PARTIE 3
Exercices d'entraînement

ÉPREUVES OBLIGATOIRES

COMPRÉHENSION ORALE

NIVEAU A1

SECTION I ➡ IMAGES

Pour chaque image, vous allez entendre 4 phrases. Choisissez celle qui correspond le mieux à la situation proposée sur l'image et cochez la case correspondante.

Attention, vous n'entendrez l'enregistrement qu'une seule fois.

1.
- ❑ A.
- ❑ B.
- ❑ C.
- ❑ D.

2.
- ❑ A.
- ❑ B.
- ❑ C.
- ❑ D.

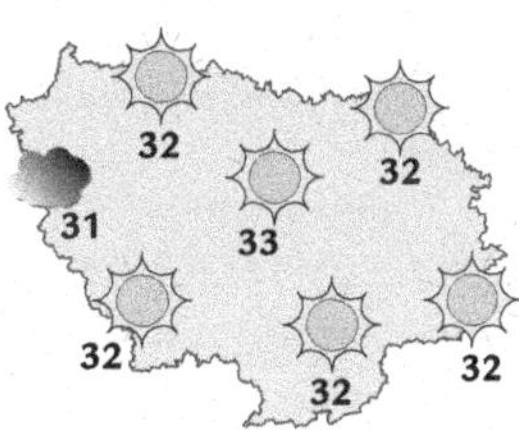

3. ❑ A.

❑ B.

❑ C.

❑ D.

4. ❑ A.

❑ B.

❑ C.

❑ D.

5. ❑ A.

❑ B.

❑ C.

❑ D.

6. ❑ A.

❑ B.

❑ C.

❑ D.

SECTION II ➡ QUESTIONS

Vous allez entendre une question suivie de 4 réponses. Choisissez la réponse qui correspond le mieux à la question posée.

❗ *Attention, vous n'entendrez l'enregistrement qu'une seule fois.*

7. ❑ A. ❑ B. ❑ C. ❑ D.

8. ❑ A. ❑ B. ❑ C. ❑ D.

9. ❑ A. ❑ B. ❑ C. ❑ D.

10. ❑ A. ❑ B. ❑ C. ❑ D.

NIVEAU A2

Vous allez entendre une annonce suivie d'une question. Lisez les 4 propositions de réponses et choisissez celle qui correspond le mieux à la question posée.

Attention, vous n'entendrez l'enregistrement qu'une seule fois.

11. ❑ A. Pour lui demander un conseil.

❑ B. Pour lui souhaiter son anniversaire.

❑ C. Pour lui proposer une sortie.

❑ D. Pour lui demander de l'aide.

12. ❑ A. Un horaire de fermeture.

❑ B. Une réduction exceptionnelle.

❑ C. Un service de restauration.

❑ D. Une présentation de produit.

13. ❑ A. Pour discuter de leurs enfants.

❑ B. Pour fixer un rendez-vous.

❑ C. Pour prévoir le week-end.

❑ D. Pour donner une adresse.

14. ❑ A. Une difficulté avec le train.

❑ B. Un changement de destination.

❑ C. Un problème avec un passager.

❑ D. Un contrôle des tickets.

15. ❑ A. Donner une pièce d'identité.

❑ B. Réparer la photocopieuse.

❑ C. Attendre au premier étage.

❑ D. Remplir les documents.

16. ❑ A. La personne doit quitter le travail immédiatement.

❑ B. Le docteur n'est pas disponible aujourd'hui.

❑ C. L'école doit fermer pendant une semaine.

❑ D. La réunion au bureau est annulée ce soir.

NIVEAU B1

Vous allez entendre un enregistrement suivi d'une question. Lisez les 4 propositions de réponses et choisissez celle qui correspond le mieux à la question posée.

Attention, vous n'entendrez l'enregistrement qu'une seule fois.

17. ❑ A. Expliquer pourquoi les élèves ont des mauvaises notes.

❑ B. S'excuser parce qu'un professeur est absent.

❑ C. Présenter comment la réunion va se dérouler.

❑ D. Faire savoir quand le directeur quittera l'école.

18. ❑ A. Compléter son dossier.

❑ B. Retourner l'appel.

❑ C. Écrire un message.

❑ D. Envoyer son CV.

19. ❑ A. Donner un conseil.

❑ B. Vérifier une information.

❑ C. Présenter des excuses.

❑ D. Indiquer un itinéraire.

20. ❑ A. L'organisation d'une manifestation.

❑ B. Les conditions météorologiques.

❑ C. Le changement d'heure.

❑ D. La prochaine émission.

21. ❑ A. Elle a perdu le numéro de téléphone du technicien.

❑ B. Elle ne comprend pas le mode d'emploi.

❑ C. Elle a un appareil qui ne fonctionne plus.

❑ D. Elle souhaite se faire rembourser son achat.

22. ❑ A. La revue modifiera son contenu après la venue d'un nouvel éditorialiste.

❑ B. Les convictions du journaliste sont remises en cause par la chaîne.

❑ C. La chaîne diffusera une émission en hommage à une personnalité.

❑ D. Les spectateurs apporteront leurs commentaires au prochain numéro.

23. ❑ A. Les personnes se renseignent sur le prix des leçons.

❑ B. Les personnes souhaitent un professeur à domicile.

❑ C. Les personnes sont indisponibles aux horaires proposés.

❑ D. Les personnes demandent des informations sur un programme.

24. ☐ A. Il va obtenir une promotion pour devenir directeur.

☐ B. Il va quitter la société pour laquelle il a travaillé.

☐ C. Il va réaliser un projet très coûteux pour la société.

☐ D. Il va organiser une conférence pour ses collègues.

NIVEAU B2

Vous allez entendre un enregistrement suivi d'une ou deux questions. Lisez les 4 propositions de réponses et choisissez celle qui correspond le mieux à la question posée.

Attention, vous n'entendrez l'enregistrement qu'une seule fois.

25. ☐ A. Sur le choix des destinations de voyage.

☐ B. Sur la réservation d'un séjour par Internet.

☐ C. Sur la conformité d'un site touristique.

☐ D. Sur la mise en relation avec un locataire.

26.

1. ☐ A. Elle récompense les meilleurs chefs cuisiniers.

☐ B. Elle présente des concepts de cuisine moderne.

☐ C. Elle incite à découvrir de nouvelles saveurs.

☐ D. Elle permet de gagner un séjour gastronomique.

2. ❑ A. Les valeurs ont évolué.

❑ B. L'argent est important.

❑ C. Les goûts ont changé.

❑ D. Le public s'est élargi.

27. ❑ A. Si on souhaite proposer son spectacle.

❑ B. Si on sait décorer des studios télé.

❑ C. Si on veut participer à un programme.

❑ D. Si on décide de devenir journaliste.

28.

1. ❑ A. À travers sa famille.

❑ B. Grâce à son professeur.

❑ C. Par la lecture.

❑ D. À cause d'une amie.

2. ❑ A. Elle a évolué dans le milieu grâce aux connaissances de son père.

❑ B. Elle a manqué de flexibilité pour obtenir les meilleurs rôles.

❑ C. Elle a su établir un équilibre entre vie professionnelle et personnelle.

❑ D. Elle est devenue populaire en répondant aux demandes de ses fans.

29.

1. ❑ A. À des scientifiques avérés.
   ❑ B. Aux enseignants des lycées.
   ❑ C. Aux bénévoles d'organisation.
   ❑ D. Aux passionnés de science.

2. ❑ A. Venir en aide aux populations défavorisées.
   ❑ B. Apporter aux scientifiques le support des médias.
   ❑ C. Mettre en relation les différentes cultures.
   ❑ D. Exposer les résultats d'une étude scientifique.

NIVEAU C1

Vous allez entendre un enregistrement suivi d'une ou deux questions. Lisez les 4 propositions de réponses et choisissez celle qui correspond le mieux à la question posée.

Attention, vous n'entendrez l'enregistrement qu'une seule fois.

30. ❑ A. Comme une découverte de l'autre.
❑ B. Comme un moment privilégié de détente.
❑ C. Comme un témoignage de générosité.
❑ D. Comme une pratique en voie de disparition.

31. ❑ A. Le bouleversement dans l'organisation des achats.

❑ B. La particularité de ses changements d'humeur.

❑ C. Le risque d'une croissance interrompue.

❑ D. L'isolement de l'adolescent en milieu scolaire.

32.

1. ❑ A. Le manque d'informations à la réservation.

❑ B. Le besoin d'une aisance à bord des avions.

❑ C. Les effets pervers du décalage horaire.

❑ D. L'impossibilité de reclasser les passagers.

2. ❑ A. Pouvoir voyager avec plus de confort à bord.

❑ B. Fournir des informations détaillées aux passagers.

❑ C. Raccourcir le temps d'attente dans les aéroports.

❑ D. Définir une politique tarifaire commune à tous les vols.

33.

1. ❑ A. La proximité avec les espèces animales.

❑ B. La survie instinctive des bébés.

❑ C. La primatie d'une espèce sur l'autre.

❑ D. La dimension de réciprocité entre les individus.

2. ❑ A. La nécessité d'être proche de la mère tout en redoutant cette proximité.

❑ B. Le besoin de se mettre à la place de l'autre tout en refusant ses sentiments.

❑ C. Le fantasme de pouvoir contrôler l'autre tout en ayant l'angoisse de passer à l'action.

❑ D. Le refoulement de l'attitude animale tout en permettant sa mise en place par l'environnement.

NIVEAU C2

Vous allez entendre un enregistrement suivi d'une ou deux questions. Lisez les 4 propositions de réponses et choisissez celle qui correspond le mieux à la question posée.

! *Attention, vous n'entendrez l'enregistrement qu'une seule fois.*

34.

1. ❑ A. Le dysfonctionnement des structures d'enseignement.

❑ B. La stagnation du développement des sciences de la vie.

❑ C. La pénurie des jeunes diplômés universitaires en biologie.

❑ D. Le manque des débouchés à l'étranger pour les étudiants.

2. ❑ A. Ils quittent la France pour travailler dans un autre pays.

❑ B. Ils se désintéressent de l'évolution de leur carrière.

❑ C. Ils manifestent pour montrer leur mécontentement.

❑ D. Ils craignent d'avoir peu de contacts avec les chercheurs.

35.

1. ❑ A. De nouvelles espèces sont apparues sur terre.

❑ B. La biodiversité menace l'évolution du vivant.

❑ C. De moins en moins de chercheurs s'intéressent à elle.

❑ D. Le concept n'est plus du tout méconnu des gens.

2. ❑ A. L'évolution constatée dans le mode d'alimentation des oiseaux.

❑ B. Les conséquences des catastrophes naturelles pour les humains.

❑ C. Le danger présumé de voir disparaître le vivant.

❑ D. Les innovations pour préserver les espèces menacées.

36. ❑ A. Les groupes humains doivent obéir à des règles sociales définies pour fonctionner.

❑ B. La transmission de l'information est plus facile lorsqu'elle se fait de manière systématique.

❑ C. La définition de la notion du langage ne peut se limiter qu'à une seule conception.

❑ D. L'interaction du langage et des sciences influe sur l'évolution des pratiques sociologiques.

STRUCTURE DE LA LANGUE

NIVEAU A1

37. – Sais-tu où est le dossier Sodimos ?
– Oui, ... sur le bureau du directeur.

- ❑ A. C'est
- ❑ B. Il a
- ❑ C. Il est
- ❑ D. Il y a

38. – Je fais un régime, je ne mange pas . . . . . . beurre.

- ❑ A. de
- ❑ B. du
- ❑ C. de la
- ❑ D. des

39. – Quand pouvez-vous . . . . . . nous voir ?
– Demain !

- ❑ A. aller
- ❑ B. entrer
- ❑ C. venir
- ❑ D. partir

40. – Vous êtes . . . . . . dans votre classe ?
– Nous sommes vingt étudiants !

- ❑ A. combien
- ❑ B. quel
- ❑ C. comment
- ❑ D. pourquoi

41. – Où allez-vous ?
– Nous allons . . . . . . piscine.

- ❑ A. au
- ❑ B. de la
- ❑ C. du
- ❑ D. à la

42. – J'aime beaucoup ce groupe de rock !
– Oui, ... ! Je viens d'acheter leur dernier disque !

- ❑ A. moi non
- ❑ B. moi si
- ❑ C. moi non plus
- ❑ D. moi aussi

43. – Avant de te coucher, n'oublie pas de te brosser les . . . . . . !

- ❑ A. oreilles
- ❑ B. dents
- ❑ C. pieds
- ❑ D. yeux

NIVEAU A2

44. – Il y a trop de bruit, je ne vous entends pas ! Qu'est-ce que vous . . . . . . ?

- ❑ A. disons
- ❑ B. dit
- ❑ C. dites
- ❑ D. disent

45. – Cette jupe me plaît mais la taille ne me va pas. Elle est . . . . . . petite pour moi !

- ❑ A. trop
- ❑ B. beaucoup
- ❑ C. assez
- ❑ D. très

46. – Quelle mémoire ! Il . . . . . . souvient bien de toutes les dates historiques !

- ❑ A. te
- ❑ B. se
- ❑ C. le
- ❑ D. me

47. – Je ne connais pas ces gens ?
– . . . . . . sont-ils ?

❑ A. Quels

❑ B. Qui

❑ C. Que

❑ D. Lesquels

48. – Chéri, avant de dîner, range ta . . . . . ., s'il te plaît ! Quel désordre !

❑ A. pièce

❑ B. salle

❑ C. chambre

❑ D. classe

49. – J'ai fini mes devoirs, mais Sophie n'a pas encore fait . . . . . .

❑ A. les tiens.

❑ B. les miens.

❑ C. les leurs.

❑ D. les siens.

50. – Quelle est la première chose que vous faites en arrivant au travail ?
– J'. . . . . . mon ordinateur.

❑ A. écoute

❑ B. allume

❑ C. ouvre

❑ D. organise

NIVEAU B1

51. – Qu'est-ce que vous avez prévu pour les vacances?
– Nous partons . . . . . . deux semaines en Égypte.
Nous avons réservé une croisière sur le Nil!

- ❑ A. à partir de
- ❑ B. pendant
- ❑ C. il y a
- ❑ D. depuis

52. – Je viens de trouver sur mon bureau le document . . . . . . je parlais tout à l'heure!

- ❑ A. qui
- ❑ B. que
- ❑ C. dont
- ❑ D. où

53. – Tu viens avec moi à la bibliothèque? Je dois . . . . . . des livres pour réviser l'examen de la semaine prochaine.

- ❑ A. emprunter
- ❑ B. poser
- ❑ C. retirer
- ❑ D. prêter

54. – Est-ce que Stéphane a de bons résultats ?
– Oui, c'est . . . . . . de la classe !

❑ A. meilleur

❑ B. le mieux

❑ C. mieux

❑ D. le meilleur

55. – L'alerte a été levée. L'évacuation du magasin s'est bien passée. Les clients étaient paniqués, mais ils se sont dirigés . . . . . . vers la sortie.

❑ A. légèrement

❑ B. calmement

❑ C. confortablement

❑ D. différemment

56. – Nous vous remercions de votre . . . . . . mais nous ne pourrons malheureusement pas être présents.

❑ A. réception

❑ B. invitation

❑ C. félicitation

❑ D. convocation

57. – J'avais promis de rendre ces disques à Pierre la semaine prochaine, mais finalement je ne le verrai pas. Est-ce que tu peux . . . . . . donner quand tu le verras ?

- ❑ A. la leur
- ❑ B. le lui
- ❑ C. les la
- ❑ D. les lui

58. – Si vous aimez nos programmes télévisés et que vous voulez assister à notre prochaine. . . . . ., téléphonez-nous vite !

- ❑ A. chaîne
- ❑ B. fréquence
- ❑ C. émission
- ❑ D. station

NIVEAU B2

59. – Hier, je ne me suis pas réveillé à temps parce que je . . . . . . mon réveil la veille.

- ❑ A. n'avais pas mis
- ❑ B. n'aurai pas mis
- ❑ C. n'aurais pas mis
- ❑ D. n'aie pas mis

60. – Les grévistes ont exposé leurs . . . . . .
devant les représentants du gouvernement.
Toutefois, aucune d'entre elles n'a été entendue.

❑ A. négociations

❑ B. associations

❑ C. revendications

❑ D. manifestations

61. – J'ai encore faim ! Est-ce que je peux reprendre des pâtes ?

– Oui, bien sûr ! Reprends-. . . . . . !

❑ A. en

❑ B. y

❑ C. les

❑ D. leur

62. – Pouvons-nous organiser une réunion la semaine prochaine afin que nous . . . . . . étudier les différentes propositions pour nos clients ?

❑ A. pouvons

❑ B. pourrons

❑ C. puissions

❑ D. pouvions

63. – Nous ne savons pas encore où mettre les meubles et comment . . . . . . notre nouvelle maison !

- ❑ A. déménager
- ❑ B. ménager
- ❑ C. emménager
- ❑ D. aménager

64. – Vous pourrez rentrer chez vous après . . . . . . ce travail.

- ❑ A. se terminer
- ❑ B. ayant terminé
- ❑ C. terminer
- ❑ D. avoir terminé

65. – La fête . . . . . . j'étais invité samedi dernier n'était pas très bien ! Je me suis vraiment ennuyé !

- ❑ A. dont
- ❑ B. à laquelle
- ❑ C. que
- ❑ D. où

66. – Le . . . . . . du mois dernier indique que ce candidat arriverait gagnant aux élections.

- ❑ A. scrutin
- ❑ B. bulletin
- ❑ C. sondage
- ❑ D. mandat

NIVEAU C1

67. – Tu as entendu la nouvelle ce matin ?
– Oui bien sûr ! . . . . . . je l'ai apprise, j'ai téléphoné à mon frère pour savoir comment il allait.

- ❑ A. À condition que
- ❑ B. Aussitôt que
- ❑ C. Quoique
- ❑ D. À moins que

68. – Pensez-vous que Sophie ait pu commettre une telle erreur ?
– Il se peut qu'elle l' . . . . . . Elle est assez distraite en ce moment.

- ❑ A. a commise
- ❑ B. ait commise
- ❑ C. avait commise
- ❑ D. Aurait commise

69. – Pourquoi fais-tu cette tête ? Tu n'aimes pas les fleurs que je t'ai . . . . . . ?

- ❑ A. offerts
- ❑ B. offerte
- ❑ C. offertes
- ❑ D. offert

70. – Une nouvelle loi sur l'impôt a été . . . . . . par l'Assemblée nationale. Elle entrera en application dès l'année prochaine.

- ❑ A. promulguée
- ❑ B. plaidée
- ❑ C. délibérée
- ❑ D. légiférée

71. – Jean-Paul a accepté notre proposition.
– Parfait ! Le connaissant, il aurait été surprenant qu'il . . . . . . autrement.

- ❑ A. réagisse
- ❑ B. réagit
- ❑ C. réagissait
- ❑ D. réagira

72. – Si vous n'arrivez pas à faire cet exercice, passez . . . . . . autre chose ! Vous pouvez, par exemple, réviser votre leçon de géographie pour demain !

- ❑ A. par
- ❑ B. dans
- ❑ C. à
- ❑ D. pour

73. – Sa famille est tellement nombreuse qu'il ne connaît pas . . . . . . ses neveux et nièces.

❑ A. tous

❑ B. toute

❑ C. tout

❑ D. toutes

74. – Pourvu qu'il fasse beau demain matin, ... au travail en vélo.

❑ A. j'irai

❑ B. j'aille

❑ C. j'allais

❑ D. j'irais

NIVEAU C2

75. – Le peine de prison de l'assassin a été . . . . . . de cinq ans pour bonne conduite.

❑ A. écrouée

❑ B. écornée

❑ C. écourtée

❑ D. écoulée

76. – À ce jour, je ne peux encore rien vous dévoiler de la stratégie de notre entreprise, mais je peux . . . . . . vous informer qu'il n'y aura aucun licenciement.

- ❑ A. d'ici là
- ❑ B. d'ores et déjà
- ❑ C. dès lors
- ❑ D. jusqu'à maintenant

77. – Je n'ai pas dormi de la nuit pour finir la présentation d'aujourd'hui, mais cela en valait la peine ! Tout s'est bien passé finalement, nous avons obtenu le contrat !

Que signifie l'expression « cela en valait la peine » ?

- ❑ A. Les efforts ont été utiles.
- ❑ B. Le travail a demandé du temps.
- ❑ C. La présentation a coûté cher.
- ❑ D. Le contrat exigeait une contrepartie.

78. – J'avais d'abord pensé que ce projet n'était pas réaliste mais . . . . . . je me suis ravisé et ai finalement accepté d'y collaborer.

- ❑ A. à coup sûr
- ❑ B. après coup
- ❑ C. dans le coup
- ❑ D. du même coup

79. – J'ai vu Jacques hier. Il m'a dit qu'il n'avait pas réussi son entretien d'embauche et qu'il . . . . . . mieux le préparer.

❑ A. a dû

❑ B. aurait dû

❑ C. ayant dû

❑ D. avait dû

80. – Mon entreprise me propose un travail en Australie. Je vais m'y . . . . . . avec ma famille pour 3 ans. Après, nous rentrerons en France.

❑ A. extirper

❑ B. exproprier

❑ C. exporter

❑ D. expatrier

81. – Si vous m'. . . . . . avant, j'aurais pu vous conseiller pour cette mission.

❑ A. ayez consulté

❑ B. avez consulté

❑ C. auriez consulté

❑ D. aviez consulté

COMPRÉHENSION ÉCRITE

Lisez chaque document et la question. Choisissez la bonne réponse et cochez la case correspondante.

NIVEAU A1

82.

J'ai une réunion cet après-midi.
Je serai à la maison à 18 h 30.
Tu peux acheter du pain pour le dîner ?
Merci et à plus tard !
Sophie

Que demande Sophie ?

- ❑ A. De préparer le dîner.
- ❑ B. De terminer le travail.
- ❑ C. De faire les courses.
- ❑ D. De ranger la maison.

83.

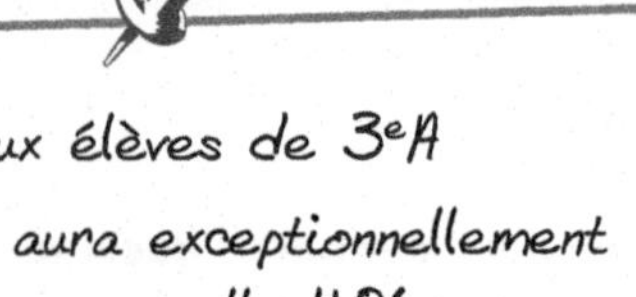

Information aux élèves de 3[e]A
Le cours de biologie aura exceptionnellement lieu au 4e étage en salle 406.
L'horaire reste le même.
Votre professeur

Pourquoi le professeur laisse-t-il ce message ?

❑ A. Pour préciser les devoirs à faire.

❑ B. Pour annuler la classe du jour.

❑ C. Pour donner la date de l'examen.

❑ D. Pour indiquer un changement de salle.

84.

MERCI DE BIEN VOULOIR DÉPOSER
VOS LIVRES DANS LA BOÎTE AUX LETTRES
À L'ENTRÉE DU BÂTIMENT.

Que concerne cette annonce ?

❑ A. L'envoi d'une lettre.

❑ B. La fermeture de la bibliothèque.

❑ C. Le retour de documents.

❑ D. La modification des horaires.

85.

BISCUITS SABLÉS

Mélangez la farine et le beurre puis versez petit à petit le lait. Étalez la pâte et découpez les biscuits. Mettez à cuire 20 minutes.

Attention à ne pas mettre le four trop chaud.

Que faut-il vérifier en particulier pour cette recette ?

❑ A. La température de cuisson.

❑ B. Le temps de préparation.

❑ C. Le mélange des ingrédients.

❑ D. Le choix des ustensiles.

86.

Nous allons au parc avec Stéphanie.
Est-ce que tu veux venir avec nous ?
On se retrouve devant l'entrée
dans un quart d'heure ?

À tout de suite !

Anne

Que propose Anne dans ce message ?

❑ A. Une aide.

❑ B. Un rendez-vous.

❑ C. Un emploi.

❑ D. Un service.

87.

> Jocelyne, pouvez-vous préparer ma présentation
> pour la réunion de demain matin
> en douze exemplaires ? Nous commencerons
> à 9 heures en salle 308. Merci.
>
> Pierre

Que demande-t-on de faire dans ce document ?

- ☐ A. Diffuser le rapport de la réunion.
- ☐ B. Changer l'heure de la réunion.
- ☐ C. Copier un document pour la réunion.
- ☐ D. Informer les collègues du lieu de la réunion.

88.

> JEUDI 23 AVRIL – LION
>
> Santé : Vous serez en pleine forme aujourd'hui !
>
> Relations : Vous passerez d'excellents moments en famille ce soir !

Quel est le message de cet horoscope ?

- ☐ A. Il y aura des problèmes.
- ☐ B. Ce sera une bonne journée.
- ☐ C. Il faudra faire attention.
- ☐ D. C'est une journée difficile.

89.

Salut Michel !

Nous allons au restaurant *Au départ* à 13 heures avec Jacques et Marie. Tu veux venir avec nous ? Tu peux nous rejoindre directement sur place si tu veux ! À tout à l'heure, j'espère !

Paul

Pourquoi Paul écrit-il à Michel ?

❑ A. Il accepte la demande de Michel.

❑ B. Il invite Michel pour le déjeuner.

❑ C. Il propose à Michel de venir l'aider.

❑ D. Il envoie ses remerciements à Michel.

90.

Félicitations !
C'est bientôt votre anniversaire !
Venez vite retirer votre surprise dans notre boutique.
À très bientôt ! Votre coiffeur

Quel est l'objectif de cette carte ?

❑ A. Offrir un cadeau.

❑ B. Inviter à un dîner.

❑ C. Excuser un retard.

❑ D. Donner un conseil.

91.

> Vends maison de 180 m² avec grand salon et salle à manger, 3 chambres et 2 salles de bain. Idéal pour une famille avec enfants. Disponible à partir du 1er septembre. Pour les visites, téléphonez à M. Grenel, le soir après 19 heures.

Que doivent faire les personnes intéressées par cette annonce ?

- ❑ A. Elles peuvent envoyer leur dossier par la poste.
- ❑ B. Elles doivent téléphoner au propriétaire en soirée.
- ❑ C. Elles peuvent aller directement au rendez-vous.
- ❑ D. Elles doivent écrire par courrier électronique.

92.

> *Chers Laurence et Thomas,*
>
> *Nous espérons que vous allez bien.*
>
> *De notre côté, nos vacances se passent très bien. Il fait très beau et nous allons nous baigner tous les jours. Nous avons fêté l'anniversaire de Laurence au bord de la plage? Nous vous montrerons les photos au retour?*
>
> *Grosses bises*
>
> *Claire et Marc*

Pourquoi Claire et Marc ont-ils écrit cette lettre ?

- ❑ A. Pour donner des nouvelles.
- ❑ B. Pour prendre rendez-vous.
- ❑ C. Pour inviter à un anniversaire.
- ❑ D. Pour réserver un voyage.

93.

> Madame, Monsieur,
>
> Je vous informe que je ne souhaite plus recevoir le magazine *Santé et Forme* à partir du 1er septembre. Je vous remercie par avance de votre compréhension et vous prie de recevoir mes meilleures salutations.
>
> Caroline Durand.

Que demande-t-on dans cette lettre ?

- ❑ A. L'envoi d'un magazine.
- ❑ B. Le remboursement d'un article.
- ❑ C. La réception d'un produit.
- ❑ D. L'arrêt d'un abonnement.

94.

> *Notre petite Marie est venue au monde le 20 mai ? Elle est adorable. Nous sommes ravis et espérons pouvoir vous la présenter bientôt.*
>
> *Grosses bises. Martine et Philippe*

Pourquoi écrit-on ce message ?

- ❑ A. Pour proposer de garder un enfant.
- ❑ B. Pour remercier les parents d'un cadeau.
- ❑ C. Pour annoncer la naissance d'un bébé.
- ❑ D. Pour inviter un enfant à une fête.

95.

> **GASTRIFOL –** Indiqué pour les douleurs à l'estomac.
>
> Prendre trois comprimés par jour maximum au moment des repas. Ne pas donner aux enfants de moins de 12 ans. Demandez l'avis de votre médecin si les symptômes persistent.

Qu'explique ce document ?

❑ A. Les signes d'une maladie.

❑ B. Les moyens de guérison.

❑ C. Les causes de la douleur.

❑ D. L'utilisation d'un médicament.

96.

> *Notre nouveau site Internet vous permet d'avoir toutes les informations pratiques pour l'organisation de vos déplacements en transports en commun dans la région.*
>
> *N'hésitez pas à nous contacter pour plus de précisions.*

Quel est l'intérêt de ce site Internet ?

❑ A. Il indique les activités touristiques dans la région.

❑ B. Il permet de se renseigner sur les moyens de transport.

❑ C. Il propose un nouveau mode de réservation de vacances.

❑ D. Il offre des réductions sur les billets pour les enfants.

NIVEAU B1

97.

Près de chez vous, une nouvelle salle de sport!

Rejoignez-nous vite dans ce lieu idéal pour garder la forme dans une ambiance simple et décontractée.

Ouvert toute l'année, vous pouvez venir aussi souvent que vous le souhaitez profiter de nos activités nombreuses et variées.

Notre équipe est à votre disposition pour vous accueillir et vous faire visiter la salle tous les jours de 8h à 20 h.

Que propose cette publicité?

- ❑ A. La consultation du catalogue.
- ❑ B. La découverte d'un centre.
- ❑ C. L'amélioration d'un service.
- ❑ D. La livraison de la commande.

98.

Salut Jeanne, J'ai essayé de te joindre par téléphone mais tu ne répondais pas. Je voulais savoir si tu étais libre mardi soir pour venir dîner à la maison. Il y aura aussi Stéphane et Nathalie. Ca serait génial de te revoir après tout ce temps?

Appelle-moi ou écris-moi quand tu peux.

Bises et à bientôt

Marie

Pourquoi Marie écrit-elle à Jeanne ?

- ❑ A. Pour lui demander un service.
- ❑ B. Pour lui proposer une invitation.
- ❑ C. Pour lui raconter ses vacances.
- ❑ D. Pour lui donner des nouvelles.

99.

> Monsieur,
>
> Nous avons le plaisir de vous confirmer que vous avez été retenu pour le poste d'Ingénieur commercial au sein de notre entreprise. Comme convenu lors de notre entretien, nous vous adresserons le contrat dans 10 jours. Nous vous remercions de bien vouloir nous le retourner signé avant la fin du mois.
>
> Très cordialement,
>
> Le service des ressources humaines

Quel est l'objet de ce texte ?

- ❑ A. Une explication des projets.
- ❑ B. Une annonce pour un emploi.
- ❑ C. Une proposition d'embauche.
- ❑ D. Une demande d'informations.

100.

> Vous désirez devenir artiste et souhaitez participer au développement du projet « Tous ensemble dans la chanson » ? Un concours vous est ouvert !
>
> À vous de créer votre chanson afin de faire découvrir la richesse de vos différences. Pour participer, envoyez vite votre version audio et le texte de votre chanson à l'adresse ensemble@chanson.fr avant le 25 janvier.

Quelle est la condition pour participer à ce concours ?

❑ A. Être un artiste confirmé.

❑ B. Envoyer sa propre chanson.

❑ C. Organiser un groupe de musique.

❑ D. Avoir un répertoire de chansons.

101.

> NOTE D'INFORMATION
>
> Toutes les personnes ayant reçu une réponse positive pour la location estivale des résidences de vacances sont priées de se présenter au secrétariat au 1er étage afin de remettre leur dossier complet avant la fin de la semaine.
>
> Nous vous remercions de votre compréhension.
>
> Le comité d'entreprise

Qu'explique cette note d'information ?

❑ A. Ce que les personnes doivent faire pour louer une résidence.

❑ B. Comment les résidences de vacances sont équipées.

❑ C. Pourquoi il est nécessaire de respecter la propreté des résidences.

❑ D. Quand les résidences de vacances sont disponibles.

102.

LE MASSIF DU SANCY

Situées au cœur du Parc naturel régional des Volcans d'Auvergne, les onze communes composant ce territoire mettent tout en œuvre pour protéger cet espace et ses espèces végétales. Ici tout invite à faire une pause pour profiter de l'air pur, de la tranquillité et pratiquer une multitude d'activités de plein air.

Comment ce document présente-t-il la région du Massif du Sancy ?

❑ A. Comme un parc animalier.

❑ B. Comme une zone touristique.

❑ C. Comme un territoire dangereux.

❑ D. Comme une réserve naturelle.

103.

> Cher lecteur,
> Vous achetez notre magazine de temps en temps ou régulièrement. Nous aimerions recueillir vos impressions de lecture. Si vous avez quelques secondes à nous consacrer, merci de prendre quelques instants pour remplir ce formulaire.

Pour quelle raison ce message est-il diffusé ?

- ☐ A. Pour annoncer la suppression du magazine.
- ☐ B. Pour mettre à jour les coordonnées des lecteurs.
- ☐ C. Pour demander l'avis des lecteurs du magazine.
- ☐ D. Pour informer du changement de format du magazine.

104.

> Nous vous remercions de votre intérêt pour notre établissement et vous confirmons que nous avons reçu votre dossier d'inscription pour la semaine du 5 avril. Nous vous ferons parvenir très bientôt le calendrier complet du programme. Pour toutes autres demandes, nous vous prions de bien vouloir vous adresser directement à la personne en charge de votre programme.

Quelle information est communiquée à la personne qui reçoit cette lettre ?

- ☐ A. La suite donnée à son dossier.
- ☐ B. Les conditions d'acceptation.
- ☐ C. Les procédures de recrutement.
- ☐ D. Le changement des dates.

NIVEAU **B2**

105.

Madame, Monsieur,

Je vous écris pour vous faire part de mon insatisfaction quant à l'achat d'un article défectueux dans votre magasin. Comme vous le remarquerez sur les photos que je joins à ce courrier, le produit est à présent totalement inutilisable, s'étant brisé quelques jours seulement après l'achat et ce dans des conditions normales d'utilisation. Ayant déjà eu l'occasion de constater la mauvaise qualité des vos produits, je ne souhaite bénéficier d'aucun échange et suis contraint de vous demander le remboursement de cet article. Je vous remercie par avance de votre compréhension et vous prie bien vouloir faire le nécessaire pour régler ce problème dans les meilleurs délais.

Cordialement,

Patrick Lagrange

Pourquoi la personne écrit-elle cette lettre ?

- ❏ A. Pour formuler une réclamation.
- ❏ B. Pour solliciter une autorisation.
- ❏ C. Pour présenter une modification.
- ❏ D. Pour établir une notification.

106.

> C'était une décharge d'ordures au cœur d'un quartier pauvre et surpeuplé de Mexico. C'est devenu un jardin où poussent des fruits et légumes. Ce projet a été lancé par la mairie du quartier et repose sur la participation de volontaires. « Nous cultivons des tomates et une vingtaine de légumes, le tout sans engrais ni pesticides. Tout est naturel, biologique ! C'est pour notre consommation, mais on en vend un peu », explique Irma Diaz, 40 ans, qui entretient le potager.
>
> D'après *France Soir*, 9 septembre 2009.

De quoi est-il question dans cet article ?

- ❑ A. D'une manifestation contre les décisions de la municipalité.
- ❑ B. D'un programme de développement agricole en milieu urbain.
- ❑ C. Du regroupement d'agriculteurs pour une alimentation variée.
- ❑ D. D'un souhait de reconnaissance d'une association de bénévoles.

107.

> TÉLÉVISION
>
> *Parisiennes, Mode d'emploi,*
> le 31 mars à 22 h 30 sur France 4
>
> Laurent Fléchaire dans son documentaire « Parisiennes » dissèque les habitudes de cette drôle d'espèce féminine. Après dix ans d'observation, le réalisateur a dressé une typologie tendre, pointue et décalée, qui distingue par exemple les filles à gobelet en plastique buveuses de bière au canal Saint-Martin des femmes à poussettes du sud de la ville… Pour découvrir la cartographie complète, rendez-vous sur France 4 qui a inscrit ce documentaire dans la programmation anniversaire de ses 5 ans.
>
> D'après *Madame Figaro*, 27 mars 2010.

Quel est le sujet du documentaire présenté dans le programme télévision ?

- ❑ A. Une observation géographique des quartiers de la capitale.
- ❑ B. Une description comportementale des Français vis-à-vis de la télévision.
- ❑ C. Un bilan des actions menées pour des femmes dans la capitale.
- ❑ D. Un portrait sociologique des habitantes de la capitale.

108.

BON PLAN
Ne rien dépenser à Paris, c'est possible ! Avec le guide *Paris 0 €*, qui a recensé tous les bons plans pour sortir et se cultiver dans la capitale sans dépenser un sou. Apprendre à jardiner, faire un tour sur la Seine ou de l'aviron, assister à des concerts privés, déguster un couscous offert, faire du qi gong le week-end, troquer des livres dans le jardin d'Eole… En tout, 700 bonnes idées testées par les rédacteurs de ce guide qui jurent que « Paris est l'une des villes les plus gratuites du monde » !
Paris 0 €, Éditions Paradis, 9,90 €.

D'après *Le Parisien*, 10 mai 2010.

Quelle est l'originalité du guide « Paris 0 € » ?

- ❑ A. Il offre des sorties gratuites dans Paris.
- ❑ B. Il explique la gratuité des guides à Paris.
- ❑ C. Il présente des activités gratuites à Paris.
- ❑ D. Il est proposé de façon gratuite à Paris.

109.

> Retrouvez-nous sur le plateau de l'émission de Direct TV : « Tous les goûts s'y retrouvent » : chaque samedi, nous recevons une personnalité qui nous présente ses projets et commente l'actualité artistique et culturelle de la semaine. Au programme : du cinéma, de la musique, du théâtre, des livres, mais aussi des reportages inédits dans les coulisses de lieux insolites, chez des stars, ou dans des grandes institutions culturelles. « Tous les goûts s'y retrouvent » c'est un véritable panorama de l'actualité des arts pour se tenir au courant des nouveautés !

Quelle est la particularité de cette émission ?

- ☐ A. Elle est destinée uniquement aux artistes.
- ☐ B. Elle est réalisée par un groupe d'intellectuels.
- ☐ C. Elle est consacrée exclusivement à la culture.
- ☐ D. Elle est produite par les institutions culturelles.

NIVEAU C1

110.

> Des trajets de plus en plus longs, des horaires aléatoires, la galère des transports en commun stresse au point de menacer la paix sociale dans l'entreprise. Un véritable « cri d'alarme monte dans les entreprises », c'est en tout cas l'analyse d'une étude menée par une psychologue du travail, un ergonome et un sociologue auprès de 150 représentants de personnels et directeurs de relations humaines en Ile-de-France. « Le temps passé dans les transports, en rendant les salariés moins énergiques et moins disponibles, en les exposant à l'opprobre des managers contrôlant leur ponctualité et en modifiant leur rapport au travail, est un catalyseur multifactoriel des risques psychosociaux : stress, dépression… » résument les auteurs de l'étude. Pour compenser les retards au travail, les salariés mettraient en place des « stratégies compensatoires » afin de s'adapter au rythme des transports en commun, comme réduire les pauses ou travailler plus longtemps.
>
> D'après *L'Express*, 8 février 2010.

1. Que met en évidence cette enquête sur les transports en commun ?

- ❑ A. Un abus de pouvoir des dirigeants.
- ❑ B. Un inventaire économique des réseaux.
- ❑ C. Une nouvelle sociologie des transports.
- ❑ D. Une utilisation excessive des transports.

2. Quelle est la conclusion de ce texte ?

- ❑ A. Le temps passé dans les transports en commun affecte la vie dans l'entreprise.
- ❑ B. Le temps passé dans les transports en commun dépend de la ponctualité du salarié.

☐ C. Le temps passé dans les transports en commun est compensé par les patrons.

☐ D. Le temps passé dans les transports en commun a obligé les dirigeants à embaucher des sociologues.

111.

> Didier Van Cauwlaert, écrivain,
> lauréat du Prix Goncourt 1994
>
> « J'ai écrit ce premier roman spécialement conçu pour une lecture sur écran de téléphone, parce que le mobile, qui est une nouvelle technologie, permet paradoxalement de rétablir une vielle pratique très en vogue au XIXe siècle : la publication des romans feuilletons. Cela n'est plus possible dans les journaux aujourd'hui, car ils ont d'autres priorités. Or justement le portable permet de recevoir un épisode chaque jour et de le lire où l'on veut. L'écran n'a pas changé ma façon d'écrire : j'ai juste dû remuscler la fin de chacun des chapitres afin de créer l'envie de lire le suivant. »
>
> D'après *Sciences et Vie*, septembre 2009.

1. **Quelle est la particularité du livre dont parle l'écrivain Didier Van Cauwlaert ?**

☐ A. Il est destiné à être publié dans les journaux quotidiens.

☐ B. Il reprend une ancienne tradition sous forme de lecture électronique.

☐ C. Il développe un nouveau style de littérature imaginaire.

☐ D. Il est conçu pour inciter la nouvelle génération au travail d'écriture.

2. **L'auteur explique qu'il doit... :**

❑ A. adopter une écriture plus rigide.

❑ B. proposer une narration plus captivante.

❑ C. développer un contenu plus informatif.

❑ D. reprendre un style plus neutre.

112.

GÉNIE DES MATHS,
IL REFUSE UN PRIX D'UN MILLION DE DOLLARS

Un Russe de 44 ans, rendu célèbre pour avoir résolu l'un des problèmes mathématiques les plus difficiles posés au XXe siècle, a fait savoir qu'il refusait d'aller chercher le « Prix du Millénaire » que lui a décerné la semaine dernière l'Institut Clay des Mathématiques – un prix qui l'aurait pourtant récompensé d'un million de dollars (750 000 euros). C'est la seconde fois que ce brillant mathématicien, réputé pour être un homme discret, ne vient pas chercher un prix qui lui a été décerné, préférant expliquer aux journalistes qu'il ne souhaite pas « être exposé comme un animal dans un zoo ». « Je ne suis pas un héros de mathématiques, leur lance-t-il alors. Je ne suis même pas un génie, c'est pour cela que je ne veux pas que tout le monde me regarde. »

D'après *Le Figaro*, 24 mars 2010.

1. **Comment est présentée la personne dont il est question dans cet article ?**

❑ A. Comme un homme millionnaire.

❑ B. Comme un scientifique avare.

❑ C. Comme un mathématicien modeste.

❑ D. Comme un être extraverti.

2. **Pourquoi l'homme a-t-il refusé de recevoir la récompense attribuée ?**

- ❑ A. Parce qu'il ne souhaite pas se montrer en public.
- ❑ B. Parce qu'il ne veut pas recevoir autant d'argent.
- ❑ C. Parce qu'il n'aime pas le rôle des journalistes.
- ❑ D. Parce qu'il n'est pas d'accord avec le jury.

113.

Une étude réalisée auprès de 26 788 citoyens issus des 27 États membres de l'Union Européenne permet de dresser un état des lieux assez précis de la pratique du sport et des activités physiques en Europe, et d'abord de la quantifier : 40 % des personnes interrogées déclarent faire régulièrement ou assez régulièrement du sport, soit à peu près autant que ceux qui affirment n'en faire jamais (39 %). 65 % des citoyens européens affirment pratiquer une forme d'activité physique au moins une fois par semaine. Au-delà du bilan comptable, cette enquête jette un éclairage sur les facteurs favorables à la pratique du sport, les motivations de ceux qui en font et le contexte dans lequel ils le pratiquent. Certains chiffres sont attendus : les hommes, surtout les jeunes, pratiquent plus que les femmes ; les préoccupations de santé sont la première motivation pour faire du sport et le manque de temps, le principal frein. D'autres résultats surprennent davantage. On constate notamment que les personnes ayant fait peu d'études font moins de sport que les autres : 64 % des personnes ayant quitté l'école à l'âge de 15 ans ou plus tôt disent ne jamais pratiquer de sport. Autre enseignement, les personnes vivant seules sont plus nombreuses à ne pas faire de sport (47 %) que celles vivant dans des ménages composés de quatre personnes ou plus (32 %). Cette étude accompagne les travaux de la Commission européenne qui doit définir « une orientation stratégique au rôle du sport en Europe ».

D'après *LeMonde.fr*, 8 avril 2010.

1. **Pourquoi cette étude a-t-elle été réalisée ?**

- ❑ A. Pour montrer les progrès du sport en Europe.
- ❑ B. Pour mettre en œuvre une pratique intensive du sport.
- ❑ C. Pour dresser une sociologie européenne du sport.
- ❑ D. Pour établir le coût des activités sportives scolaires.

2. **Quel est le résultat de l'étude ?**

- ❑ A. Les personnes ayant un parcours scolaire court font moins de sport.
- ❑ B. Les bénéfices du sport ne sont visibles qu'à partir de 15 ans.
- ❑ C. La pratique du sport rend plus performant en milieu professionnel.
- ❑ D. Les modalités d'enseignement du sport dans les écoles vont être modifiées.

NIVEAU C2

114.

> L'art et l'argent : on n'en a jamais tant parlé et il peut paraître scandaleux qu'une œuvre d'art qui est unique en son genre, qui est l'incarnation d'un idéal de beauté désintéressée puisse avoir un prix marchand, être l'objet d'un échange et d'un commerce. Pourtant, chaque bien a un double usage, l'un qui lui est propre, l'autre non. De même qu'avec une paire de chaussures, je peux soit me chausser, conformément à sa valeur d'usage, soit l'échanger contre autre chose. Dans ce sens, comment une œuvre d'art qui n'a pas de valeur d'usage peut-elle avoir une valeur d'échange ? Comment donner un prix marchand et faire entrer dans la réciprocité de l'échange un objet singulier qui n'a qu'une « valeur de sentiment » ? Malgré l'apparence, l'œuvre d'art n'échappe pas à la règle : elle n'a de valeur d'échange que parce qu'elle se prête à une certaine forme de consommation. Simplement elle est l'objet d'une consommation qui n'est pas destructrice, elle a une valeur de jouissance qui n'altère, ni ne détruit son objet.
>
> D'après Warin François, *L'Art*, Ellipses.

1. Quelle phrase résume le texte ?

- ❑ A. L'art et les biens ne peuvent pas être comparés.
- ❑ B. L'art a une valeur marchande car il est unique.
- ❑ C. L'art peut être considéré comme un bien d'échange.
- ❑ D. L'art est cher parce qu'il représente le beau.

2. Comment la notion d'art est-elle caractérisée ?

- ❑ A. L'art est aussi un objet de consommation.
- ❑ B. L'art renvoie à l'humain une image positive.
- ❑ C. L'art échappe à toutes les règles du commerce.
- ❑ D. L'art ne peut se résumer à un objet singulier.

115.

LE STRESS AU TRAVAIL

Environ 20 % des salariés européens estiment que leur santé est affectée par des problèmes de stress au travail, ce qui en fait l'un des principaux problèmes de santé au travail déclaré, derrière les maux de dos, les troubles musculo-squelettiques et la fatigue (selon la dernière enquête de la Fondation européenne pour l'amélioration des conditions de travail). Le phénomène n'épargne plus aucun secteur d'activité. On parle de stress au travail quand une personne ressent un déséquilibre entre ce qu'on lui demande de faire dans le cadre professionnel et les ressources dont elle dispose pour y répondre. Les situations stressantes qui s'installent dans la durée ont toujours un coût pour la santé des individus qui les subissent. Elles ont également des répercussions négatives sur le fonctionnement des entreprises. Le stress doit ainsi devenir une préoccupation pour l'entreprise dès lors que les plaintes de « mal-être » au travail se multiplient et quand les facteurs qui en sont à l'origine sont liés au travail (intensification du travail, pressions multiples, exigences de la clientèle...). Le stress n'est pas, dans ce cas, le révélateur de fragilités individuelles mais la manifestation de dysfonctionnements plus généraux dans l'entreprise.

Extrait du site www.inrs.fr, 15 décembre 2010.

1. **Comment la notion de « stress » est-elle expliquée dans cette enquête ?**

- ❑ A. Le stress n'est pas lié uniquement au cadre professionnel.
- ❑ B. Le stress dépend d'un déséquilibre personnel génétique.
- ❑ C. Le stress participe à l'accroissement du sentiment de fatigue.
- ❑ D. Le stress a une incidence sur le fonctionnement de l'entreprise.

2. **Qu'a permis cette enquête ?**

- ❑ A. D'évaluer le salaire du continent européen.
- ❑ B. De discerner le mauvais fonctionnement de la santé publique.
- ❑ C. De souligner l'hygiène de vie de l'entreprise.
- ❑ D. De soulever l'absence de traitement du stress.

116.

LE CHAMPAGNE FAIT UN GESTE POUR LA PLANÈTE

Le comité interprofessionnel des vins de champagne (CIVC) a annoncé mardi le lancement d'un nouveau standard de bouteille, plus légère de 65 grammes pour réduire l'émission de carbone de la filière. Cette innovation n'est cependant pas discernable à l'œil nu. Le poids actuel de la bouteille de champagne est de 900 grammes contre 450 à 500 grammes pour les autres vins. « Le champagne nécessite une bouteille plus résistante que les autres vins du fait du dégagement de gaz qui exerce une pression de 6 kilogrammes au centimètre carré », a expliqué Daniel Lorson, porte-parole du CIVC. L'utilisation de la nouvelle bouteille, qui passe de 900 g à 835 g, doit réduire cette empreinte de 8 000 tonnes, l'équivalent de l'émission actuelle de 4 000 voitures. « Avec cette bouteille plus légère, mais tout aussi performante, nous réalisons un double avantage, écologique d'une part, mais aussi économique en raison de la baisse des frais de transport », souligne Daniel Lorson.

D'après *Le Parisien*, 16 mars 2010.

1. **Qu'explique le texte à propos de l'innovation sur la bouteille de champagne ?**

- ❑ A. Le matériau est plus résistant.
- ❑ B. Le modèle reste inchangé.
- ❑ C. Le changement est imperceptible.
- ❑ D. La bouteille imite celle des vins.

2. **Quelle est la conséquence de cette innovation ?**

- ❑ A. Elle découle de la collaboration d'amateurs de champagne.
- ❑ B. Elle permet une meilleure adéquation aux normes du marché.
- ❑ C. Elle génère une augmentation de la pression dans la bouteille.
- ❑ D. Elle s'inscrit dans une démarche de protection de l'environnement.

117.

LA FRANCOPHONIE

La Francophonie est souvent réduite à un simple regroupement entre la France et ses anciennes colonies. C'est mal connaître la genèse du mouvement francophone et sa géopolitique. S'il y a un noyau historique, il a beaucoup évolué. Aujourd'hui, on redécouvre ces autres racines et identités. La mondialisation est une chance pour la Francophonie car elle lui permet de retrouver un horizon souvent oublié sur le plan historique et culturel. Présente sur tous les continents, elle devient un symbole de la diversité culturelle à construire. Elle s'appuie sur les identités et les langues plurielles. Ces multiples points d'appui, historiques et contemporains, sont autant d'atouts pour amortir les chocs liés à la mondialisation, qui, pour la plupart du temps, bouleversent les identités et déstabilisent les cultures. Avec le temps, les logiques politiques ont laissé place à des problématiques culturelles. Le dialogue entre les racines mondiales de la Francophonie et celle des autres aires linguistiques devient un outil privilégié de la cohabitation culturelle.

Extrait du site Internet www.francophonie.org,
Cellule de réflexion stratégique de la Francophonie,
Dominique Woltom, *L'Identité francophone dans la mondialisation.*

1. Qu'explique cet article au sujet de la Francophonie ?

- ❑ A. Elle demeure toujours un symbole colonial.
- ❑ B. Elle s'est répandue grâce à la mondialisation.
- ❑ C. Elle a révélé les découvertes des anciennes colonies.
- ❑ D. Elle voudrait s'imposer dans tous les continents.

2. D'après cet article, la mondialisation... :

- ❑ A. va permettre une consolidation linguistique.
- ❑ B. va engendrer des modèles sociaux complexes.
- ❑ C. va ébranler les communautés culturelles.
- ❑ D. va provoquer la diffusion d'une information unique.

ÉPREUVES FACULTATIVES

EXPRESSION ÉCRITE

NIVEAU A1

Vous partez en vacances et laissez quelques instructions à votre voisin qui s'occupera de votre maison. Écrivez un petit mot (environ 40 mots).

NIVEAU A2

C'est votre anniversaire le week-end prochain. Vous écrivez un message pour inviter vos amis et expliquer comment vous organiserez la fête (environ 60 mots).

NIVEAU B1

Vous avez passé quelques jours en France. Vous écrivez à votre ami(e) pour lui raconter votre séjour (environ 80 mots).

NIVEAU B2

Selon vous, quels sont les avantages et inconvénients de vivre en ville et à la campagne ? Quelle serait votre préférence ? Pourquoi ? Justifiez votre réponse (environ 100 mots).

NIVEAU C1

Pensez-vous qu'il faille interdire la circulation des voitures en ville ? Justifiez votre réponse (environ 100 à 125 mots).

NIVEAU C2

Lisez le texte suivant et proposez un compte rendu (environ 100 mots).

Les enfants dits « intellectuellement précoces » ou « surdoués » ne sont pas plus intelligents que les autres, ils ont seulement un raisonnement et un mode de pensée singuliers mais qu'il est essentiel de reconnaître pour leur avenir tant sur le plan scolaire que social.

Ce sont les conclusions d'une séance organisée lors du dernier congrès de la Société française de pédiatrie, à Rouen, et elles devraient plutôt plaire aux parents des têtes blondes (rousses ou brunes !) qui se situent dans la moyenne.

Le « haut potentiel » ne concerne pas forcément toutes les facettes de l'intelligence, a rappelé une psychologue. L'erreur communément faite est de penser que les jeunes au QI* très élevé sont supérieurs à la majorité de leurs camarades.

Or il ne s'agit pas d'un gain quantitatif, mais de compétences spécifiques. Ces enfants utilisent différemment leurs ressources intellectuelles et bénéficient de meilleures capacités de mémorisation. Ce qui n'empêche pas un petit génie en herbe de rester longtemps un bébé pour les gestes de la vie quotidienne...

Finalement, être surdoué n'est pas obligatoirement une chance. Car ces compétences particulières peuvent engendrer des difficultés, aggravées par l'incompréhension de l'entourage et l'inadaptation des structures scolaires. Ces enfants à la tête trop pleine ont parfois du mal à sélectionner la bonne information et à organiser leur pensée. L'école traditionnelle leur convient mal, et certains risquent l'échec scolaire, voire une autodévalorisation totalement injustifiée. D'où la nécessité de les identifier le plus précocement possible, pour les aider à s'épanouir pleinement.

*QI : Le Quotient Intellectuel est le résultat de tests psychométriques qui entend fournir une indication quantitative et standardisée de l'intelligence abstraite.

D'après LePoint.fr, 3 octobre 2007.

EXPRESSION ORALE

NIVEAU A1

Où habitez-vous ? Décrivez votre ville, votre quartier, votre logement.

NIVEAU A2

Qu'avez-vous fait la semaine dernière ?

NIVEAU B1

Quels sont vos projets pour l'année prochaine ?

NIVEAU B2

Quelle est votre attitude par rapport à la télévision ?

NIVEAU C1

Qu'est-ce qui vous semble le plus important : la vie privée ou la vie professionnelle ?

NIVEAU C2

Pensez-vous qu'il est nécessaire d'avoir beaucoup de diplômes pour avoir une bonne situation professionnelle ?

PARTIE 4
Outils méthodologiques

Pour argumenter, débattre

À l'écrit comme à l'oral, l'important sera toujours de présenter vos arguments de manière logique pour convaincre votre lecteur ou interlocuteur.

Vous trouverez ci-dessous quelques expressions et formulations utiles pour répondre de façon structurée et donner votre opinion sur des sujets, établir des comparaisons etc.

Vous trouverez également une liste des principaux articulateurs que vous pourrez utiliser pour relier vos idées et éviter les répétitions.

✖ Marquer les moments du discours

Pour introduire	Pour développer le sujet		Pour conclure
Premièrement	Deuxièmement	Troisièmement (etc.)	Finalement
Avant tout (Tout) D'abord	Puis Et puis	Ensuite De plus	Enfin En résumé En définitive En conclusion
En premier lieu	En second lieu	En troisième lieu, (etc.)	En dernier lieu
Je commencerai par...	Par ailleurs, j'ajouterai que...	Pour continuer, je dirai que...	Pour terminer je conclurai que...
Pour commencer	De plus	En outre	En conclusion... Pour conclure... Pour finir..., En fin de compte...

✖ Présenter les arguments de manière structurée

↳ Pour généraliser

- D'une façon générale…, d'une manière générale…
- En général…, en principe…, en théorie
- Généralement…, Principalement…, Théoriquement…

↳ Pour se référer à quelque chose ou quelqu'un

- À ce propos…, à ce sujet…
- À propos de…, au sujet de…
- En ce qui concerne…, concernant…
- D'après…, selon…, quant à…, par rapport à…
- Du point de vue de…, de ce point de vue…

↳ Pour reformuler

- C'est-à-dire…, autrement dit…, en d'autres termes…
- Ce qui signifie que…, ce qui veut dire que…
- En effet…, notamment…

↳ Pour donner un exemple

- Par exemple…, ainsi…, c'est-à-dire…, soit…
- Je prendrai comme exemple…/l'exemple de…
- … est un bon exemple de…
- Pour illustrer mes propos, prenons le cas de…
- Citons par exemple…

↳ Pour attirer l'attention

- Il faut noter/préciser/mentionner/souligner/insister sur le fait que…
- Il ne faut pas oublier que…
- J'attire votre attention sur le fait que…

↳ Pour garder la parole

- Si vous le permettez, je souhaiterais terminer…
- Un instant s'il vous plaît, je n'ai pas fini.
- Laissez-moi terminer.

↳ Pour comparer

- En comparaison avec…, à la différence de…
- Comparé à…
- Pour faire la comparaison entre…
- Il y a d'une part… et d'autre part…, il faut faire la différence/distinction entre… et…

↳ Pour donner son opinion

- Pour moi…, à mon avis…, à mon sens…, selon moi…, d'après moi…, pour ma part…, quant à (moi)…
- Je pense que, je crois que, je trouve que, j'estime que, j'aime que, je considère que (+ indicatif)…
- Je trouve normal/bien/mal/scandaleux… que… (+ subjonctif), il me semble que… (+ subjonctif)
- Je suis certain(e)/sûr(e)/convaincu(e)/persuadé(e)… que…
- J'ai le sentiment que…, mon sentiment est que…
- En ce qui me concerne…, Ce que je trouve important/intéressant, c'est que…

↳ Pour exprimer l'accord

- C'est vrai/sûr/certain/exact ! C'est ça !
- Tout à fait ! Certes ! Absolument ! Exactement ! Effectivement ! Bien entendu ! Sans aucun doute !
- Vous avez/tu as (tout à fait/vraiment) raison.
- Je suis (tout à fait) d'accord avec.../Je suis plutôt pour
- Je partage l'opinion de...
- Il va de soi que... Il va sans dire...

↳ Pour exprimer le désaccord

- Pas du tout ! Absolument pas ! Certainement pas !
- Ce n'est pas vrai ! Ce n'est pas sûr/certain.
- Je ne suis pas tout à fait d'accord avec..., je ne suis pas convaincu que.../de...
- Je ne suis absolument pas de votre avis.
- Ce n'est pas ce que j'ai dit !
- Je suis plutôt contre...

↳ Pour exprimer une nuance

- Cela dépend de.../Tout dépend de...
- C'est une question de point de vue.
- Il est difficile de dire si...
- Ce n'est pas exactement ce que je voulais dire /ce que j'entendais...
- Je dirais plutôt...
- On peut voir les faits d'un autre point de vue.

➬ Pour éviter de se prononcer sur une opinion

- Je n'ai pas d'opinion sur cette question car...
- Il m'est difficile/impossible de donner un avis sur...
- Je préférerais ne pas me prononcer sur ce sujet...
- Je ne peux pas dire si...
- Il est difficile de conclure car...

➬ Pour exprimer la certitude

- C'est évident/certain/sûr.
- Il est certain/sûr/évident/incontestable que...
- Je suis certain(e)/sûr(e)/convaincu(e)/persuadé(e) que
- Il ne fait aucun doute que...

➬ Pour exprimer la possibilité, la probabilité, improbabilité

- Il est possible que..., il est probable que/il est peu probable que ..., il se peut que...
- Il (ne) me semble (pas) que...
- Il y a des chances que.../je doute fort que... (+ subjonctif)
- ... me paraît peu probable.
- ... me paraît improbable.

✖ Articuler les idées de manière logique

⇘ Pour ajouter un nouvel argument

- En plus, de plus, en outre
- Par ailleurs
- Non seulement… mais encore…
- D'une part… d'autre part…

⇘ Pour exprimer une opposition

- Mais…, Par contre…, au contraire…, en revanche…, or…
- À l'opposé de…, à l'inverse de…, au lieu de…, en dépit de…
- Contrairement à…
- Alors que…, tandis que…, plutôt que…
- D'un côté… de l'autre…/d'une part… d'autre part…

⇘ Pour exprimer une cause

- Parce que…, puisque…, comme…, car…, en effet…
- À cause de…, grâce à…, en raison de…, à la suite de…
- Étant donné que…, sous prétexte que…, vu que…, du fait que…

⇘ Pour exprimer une conséquence

- Donc…, alors…, c'est pourquoi…, ainsi…, aussi (+inversion)
- Par conséquent, en conséquence
- Si bien que…
- Pour toutes ces raisons…, c'est pour cela que…
- Tellement… que/si… que
- D'où…

↳ Pour exprimer le but

- Pour…, pour cela…
- Pour que…, afin que…, de peur que…, de crainte que…
- Afin de…, en vue de…
- De manière à…, de façon à…
- Dans ce but, dans cette optique, dans cette perspective

↳ Pour exprimer une hypothèse

- Dans ce cas…, dans cette hypothèse…
- À condition de…, à moins de…
- Au cas où…, dans l'hypothèse où…
- À condition que…, pourvu que…, à moins que…+ subjonctif
- Les phrases avec « Si… » : « si il y avait eu plus de détails sur cette affaire, cela n'aurait pas été aussi compliqué. »
- Supposons que…, à supposer que…

↳ Concession

- Cependant, néanmoins, toutefois, pourtant…
- Bien que…, quoique… + subjonctif
- Malgré, quand bien même… Même si…
- En dépit de…
- Quoi qu'il en soit…

Pour rédiger un message écrit (lettre, note, courrier électronique…)

Ces différents écrits suivent en général la structure suivante :

	Message formel	Message amical
Exemples de message	Lettre ou courrier électronique pour une candidature, une réclamation, une demande de renseignements…	carte postale, courrier électronique, note, invitation, remerciements…
Présentation du message	- Coordonnées de l'expéditeur (en haut à gauche) – Coordonnées du destinataire (à droite) – Lieu et date (Paris, le 23 avril 2009)	
Objet	Dossier n° … Candidature …	Dîner/Invitation…
Formule d'appel	Madame, Monsieur… Madame la directrice…	Cher Paul, Chère Marie
Corps du message	Je vous écris au sujet de…	Je voulais savoir si tu pouvais/vous pouviez…
Formule de conclusion	(Bien) cordialement. Sincères salutations. Je vous prie d'agréer, Madame, Monsieur, mes salutations distinguées. (soutenu) Veuillez agréer, Madame, Monsieur, nos respectueuses salutations.	Amicalement. Je t'/vous embrasse. Bises/Bisous. Salut. À bientôt, À plus tard, À la prochaine…
Signature	Pierre Durand Le service clientèle	Anne

Pour rédiger un compte rendu

Le compte rendu écrit ou oral se différencie du résumé ou de la synthèse. Il s'agit de transmettre à un destinataire des informations dont il n'est pas censé avoir connaissance et permet de répondre à la question « De quoi s'agit-il ? ».

Vous devrez :

- reformuler avec vos propres mots les informations présentées
- les présenter de manière la plus complète possible sans porter de jugement

Vous pourrez employer la troisième personne du singulier. Par exemple : « l'auteur indique que.../suggère de.../recommande de... », en faisant toutefois attention de ne pas alourdir le style de votre production pour respecter les consignes de longueur qui vous seront données.

Avant de rédiger le compte rendu, il est conseillé de :

- lire une première fois le texte pour en comprendre le sens général
- lire une deuxième fois en soulignant les mots clés
- séparer le texte en différentes parties pour en dégager les idées principales

Vous reprendrez ensuite les différentes idées en les présentant de manière structurée.

PARTIE 5
Testez-vous !

TEST N° 1

ÉPREUVES OBLIGATOIRES

COMPRÉHENSION ORALE

NIVEAU A1

Pour chaque image, vous allez entendre 4 phrases. Choisissez celle qui correspond le mieux à la situation proposée sur l'image et cochez la case correspondante.

Attention, vous n'entendrez l'enregistrement qu'une seule fois.

1. ❑ A.

❑ B.

❑ C.

❑ D.

2. ❑ A.

❑ B.

❑ C.

❑ D.

3. ❑ A.

❑ B.

❑ C.

❑ D.

4. ❑ A.

❑ B.

❑ C.

❑ D.

NIVEAU A2

Vous allez entendre une annonce suivie d'une question. Lisez les 4 propositions de réponses et choisissez celle qui correspond le mieux à la question posée.

Attention, vous n'entendrez l'enregistrement qu'une seule fois.

5. ❑ A. Elle ne trouve pas la direction.

❑ B. Elle a beaucoup de choses à porter.

❑ C. Elle a perdu ses clés.

❑ D. Elle est tombée dans l'escalier.

6. ❑ A. Des changements d'horaires.

❑ B. Un problème de circulation.

❑ C. La réalisation des travaux.

❑ D. Une augmentation des tarifs.

7. ❑ A. Il va chercher le dossier.

❑ B. Il va aller voir les clients.

❑ C. Il va terminer son travail.

❑ D. Il va ranger son bureau.

8. ❑ A. La personne doit rappeler plus tard.

❑ B. La personne peut laisser un message.

❑ C. La personne a fait une erreur.

❑ D. La personne doit patienter un instant.

NIVEAU B1

Vous allez entendre un enregistrement suivie d'une question. Lisez les 4 propositions de réponses et choisissez celle qui correspond le mieux à la question posée.

Attention, vous n'entendrez l'enregistrement qu'une seule fois.

9. ❑ A. Il a oublié l'heure du cours.

❑ B. Il ne se sentait pas bien.

❑ C. Il n'a pas fait ses devoirs.

❑ D. Il a eu un problème de transport.

10. ❑ A. Il critique une pièce de théâtre.

❑ B. Il annonce l'interview d'acteurs.

❑ C. Il raconte l'histoire de la pièce.

❑ D. Il propose des invitations au théâtre.

11. ❑ A. Trouver un autre plombier.

❑ B. Changer de téléphone.

❑ C. Préparer le paiement.

❑ D. Confirmer le rendez-vous.

12. ❑ A. Elles ne sont pas satisfaites du service offert.

❑ B. Elles ne connaissent pas les horaires d'ouverture.

❑ C. Elles n'ont pas apportés les documents demandés.

❑ D. Elles ne comprennent pas les informations sur le document.

13. ❑ A. Sur l'apprentissage des langues.

❑ B. Sur le choix d'un travail.

❑ C. Sur l'acceptation d'une invitation.

❑ D. Sur l'attitude de leurs collègues.

NIVEAU B2

Vous allez entendre un enregistrement suivie d'une ou deux questions. Lisez les 4 propositions de réponses et choisissez celle qui correspond le mieux à la question posée.

Attention, vous n'entendrez l'enregistrement qu'une seule fois.

14. ☐ A. On enseigne de nouvelles techniques.

☐ B. On découvre les différents types d'ateliers.

☐ C. On explique comment faire la vaisselle.

☐ D. On emporte chez soi les préparations.

15. ☐ A. Celui entre la demande d'emploi et l'offre d'embauche.

☐ B. Celui entre le souhait d'évoluer et le passage à l'acte.

☐ C. Celui entre l'évolution des carrières et la baisse des salaires.

☐ D. Celui entre l'absence de formation et les nouvelles carrières.

16. ☐ A. En écoutant les plus grands musiciens.

☐ B. En utilisant une méthode de musique.

☐ C. En suivant les rêves de son enfance.

☐ D. En abandonnant l'entourage familial.

17. ❑ A. De l'annonce de l'amélioration de la qualité de l'air.

❑ B. De la mise en place de l'interdiction de circuler en ville.

❑ C. De la baisse du nombre de participants à l'événement.

❑ D. De l'installation d'activités en plein air.

NIVEAU C1

Vous allez entendre un enregistrement suivie d'une ou deux questions. Lisez les 4 propositions de réponses et choisissez celle qui correspond le mieux à la question posée.

Attention, vous n'entendrez l'enregistrement qu'une seule fois.

18. ❑ A. Elles protègent des rayons nuisibles de l'ordinateur.

❑ B. Elles s'ajustent automatiquement au visage.

❑ C. Elles obligent le porteur à humidifier ses yeux fatigués.

❑ D. Elles sont équipées de verres incassables.

19.

1. ❑ A. Il est destiné à recevoir uniquement des marchandises.

❑ B. Il fait partie d'un nouveau projet d'aménagement.

❑ C. Il se prépare pour que le pays accueille la coupe du monde de football.

❑ D. Il constitue un exemple de gestion budgétaire à suivre.

2. ❑ A. La capacité d'accueil.

❑ B. La rénovation des boutiques.

❑ C. Les accès à l'aéroport.

❑ D. Les systèmes d'information.

20.

1. ❑ A. Proposer des cours pour apprendre à naviguer.

❑ B. Former des futurs capitaines de la marine.

❑ C. Initier à la construction sur les chantiers navals.

❑ D. Préparer aux compétitions nautiques de haut niveau.

2. ❑ A. C'est un salarié qui est employé à temps complet.

❑ B. C'est un enseignant qui veut imposer son savoir.

❑ C. C'est un stagiaire avec une bonne connaissance du métier.

❑ D. C'est une personne qui accepte de travailler sans rémunération.

NIVEAU C2

Vous allez entendre un enregistrement suivie d'une ou deux questions. Lisez les 4 propositions de réponses et choisissez celle qui correspond le mieux à la question posée.

Attention, vous n'entendrez l'enregistrement qu'une seule fois.

21.

1. ❑ A. Comme une stratégie de communication qui s'avère maladive.

   ❑ B. Comme une caractéristique de la société qui prive de liberté.

   ❑ C. Comme une norme unanime qui s'applique à un schéma personnel.

   ❑ D. Comme une émulation entre les individus qui relève de l'excès.

2. ❑ A. Comme quelqu'un souffrant d'un désordre comportemental.

   ❑ B. Comme quelqu'un bénéficiant d'une force de caractère.

   ❑ C. Comme quelqu'un craignant une négation de la collectivité.

   ❑ D. Comme quelqu'un s'efforçant d'une implication dans la réalité.

22.

1. ❑ A. Le besoin d'être dans l'action permanente pour réduire son anxiété.

   ❑ B. L'inutilité de se reprocher de remettre des tâches à plus tard.

   ❑ C. La nécessité d'être régulier dans l'accomplissement des priorités.

   ❑ D. L'intérêt de produire des résultats à des échéances fixées à l'avance.

2. ❑ A. Savoir introduire de la nouveauté dans son agenda.

   ❑ B. Savoir gérer les moments de remise en question.

   ❑ C. Savoir donner des priorités aux actions à mener.

   ❑ D. Savoir repousser les limites pour être productif.

STRUCTURE DE LA LANGUE

NIVEAU A1

23. – Je pars déjeuner ! On se voit cet après-midi pour la réunion ?
– Oui, bien sûr. Bon appétit et . . . . . . !

❑ A. à bientôt

❑ B. à tout à l'heure

❑ C. au revoir

❑ D. salut

24. Pour faire ce gâteau, j'ai besoin de 150 grammes . . . . . . farine.

- ❑ A. de
- ❑ B. de la
- ❑ C. du
- ❑ D. des

25. – Marine aime beaucoup Paris, mais . . . . . . mari l'aime encore plus !

- ❑ A. ton
- ❑ B. notre
- ❑ C. mon
- ❑ D. son

26. – Pour bien parler français, vous . . . . . . pratiquer régulièrement.

- ❑ A. pouvez
- ❑ B. savez
- ❑ C. voulez
- ❑ D. devez

NIVEAU A2

27. – Je vais faire des courses . . . . . . tu veux manger ?

- ❑ A. Qui est-ce qui
- ❑ B. Qu'est-ce que
- ❑ C. Qu'est-ce qui
- ❑ D. Qui est-ce que

28. – Je n'ai plus d'argent ! J'ai beaucoup . . . . . . cette semaine !

- ❑ A. dépensé
- ❑ B. vendu
- ❑ C. remboursé
- ❑ D. économisé

29. – Tu . . . . . . souviens que tu as rendez-vous chez le dentiste ? Oui ! Je n'ai pas oublié !

- ❑ A. me
- ❑ B. le
- ❑ C. se
- ❑ D. te

NIVEAU B1

30. – Est-ce que vous vous êtes occupés des fleurs du voisin ?
– Non, nous nous . . . . . . occuperons ce soir !

- ❑ A. y
- ❑ B. en
- ❑ C. leur
- ❑ D. les

31. – Je sors chercher quelque chose à manger,
mais je . . . . . . dans cinq minutes !

- ❑ A. retourne
- ❑ B. reviens
- ❑ C. viens
- ❑ D. rentre

32. – Nous vous avons attendu plus d'une heure !
Qu'est-ce que vous . . . . . . ?

- ❑ A. fassiez
- ❑ B. ferez
- ❑ C. faites
- ❑ D. faisiez

NIVEAU B2

33. – . . . . . . personne ne lui ferait de mal ! Il est tellement gentil !

- ❑ A. Certaine
- ❑ B. Chacune
- ❑ C. Aucune
- ❑ D. Quelque

34. – Mes collaborateurs m'ont donné tous les éléments . . . . . . je puisse préparer l'offre pour nos clients.

- ❑ A. alors que
- ❑ B. bien que
- ❑ C. quoique
- ❑ D. afin que

35. – Après avoir payé l'addition, il est normal en France de laisser un . . . . . . au serveur.

- ❑ A. salaire
- ❑ B. pourboire
- ❑ C. profit
- ❑ D. solde

36. – Il a ordonné que la séance . . . . . . reportée à plus tard.

❑ A. soit

❑ B. est

❑ C. était

❑ D. sera

NIVEAU C1

37. – Maman m'a dit qu'elle me donnerait de l'argent de poche . . . . . . j'ai bien travaillé à l'école.

❑ A. vu que

❑ B. tandis que

❑ C. si bien que

❑ D. après que

38. – Qu'est-ce que c'est que ce désordre !
– Je n'y suis pour rien !

Que signifie l'expression « je n'y suis pour rien » ?

❑ A. Ce n'est pas ma faute !

❑ B. Ce sont peu de choses !

❑ C. Ce n'est pas grave !

❑ D. Cela méritait plus !

39. – Il était très nostalgique. Il a gardé toutes les lettres que je lui avais . . . . . .

❑ A. envoyés.

❑ B. envoyées.

❑ C. envoyé.

❑ D. envoyée.

NIVEAU C2

40. – Je me suis creusée la tête toute la nuit sur cette question !

Que signifie l'expression « se creuser le tête » ?

❑ A. Dormir sur le même côté.

❑ B. Avoir une opinion précise.

❑ C. Faire un trou dans l'oreiller.

❑ D. Réfléchir de manière intense.

41. – La croissance économique a repris le mois dernier . . . . . . la nouvelle politique mise en place par le gouvernement.

❑ A. du fait de

❑ B. en fait de

❑ C. tout à fait

❑ D. de ce fait

42. – Je ne suis pas assez . . . . . . pour lui en vouloir. J'ai bien conscience qu'il n'a pas commis ce geste volontairement !

❑ A. sceau

❑ B. sot

❑ C. seau

❑ D. saut

COMPRÉHENSION ÉCRITE

NIVEAU A1

43.

MACHINE HORS SERVICE

MERCI D'UTILISER LE DISTRIBUTEUR AU 2e ÉTAGE

Qu'indique ce panneau ?

❑ A. La machine va changer d'étage.

❑ B. La machine ne rend pas la monnaie.

❑ C. La machine ne fonctionne pas.

❑ D. La machine va être remplacée.

44.

Paris, le 6, 7 et 8 septembre

Nous vous attendons à la Casa Pasta.

Un événement inoubliable avec de nombreuses activités pour la famille.

Cours de cuisine – Dégustations – Espace de jeux pour les enfants

À ne pas manquer !

Que propose ce document ?

- ❑ A. Une promotion.
- ❑ B. Une collaboration.
- ❑ C. Une association.
- ❑ D. Une invitation.

45.

Chers Martine et Jean,

C'est très gentil d'avoir arrosé les plantes pendant nos vacances. Nous serons ravis de vous voir le week-end prochain si vous êtes disponibles ?

À très bientôt,

Brigitte et Claude

Pourquoi écrit-on ce courrier ?

- ❑ A. Pour donner une direction.
- ❑ B. Pour remercier d'un service.
- ❑ C. Pour demander une information.
- ❑ D. Pour expliquer une situation.

46.

Hôtel « Le Bon Accueil »

Situation idéale
en plein cœur de la ville

Accueil chaleureux

15 chambres confortables avec un équipement moderne

Accès à la plage en 20 minutes

Tarif : à partir de 95 euros, petit-déjeuner inclus

POUR RÉSERVER : tél. 0820 978 202

ou reservation@lebonaccueil.fr

Quel est l'avantage de cet hôtel ?

❑ A. Il propose un service gratuit 24h/24h.

❑ B. Il offre un emplacement central.

❑ C. Il dispose de chambres avec vue sur la mer.

❑ D. Il est décoré de manière traditionnelle.

47.

Amélie et Mathieu cherchent un(e) étudiant(e) pour les chercher à l'école les lundi, mardi et jeudi à 16 h 30. Téléphonez le soir à partir de 19 heures au 06 45 67 29 06. Références demandées.

Que propose la famille à l'étudiant ?

❑ A. De partir en vacances avec les enfants.

❑ B. De donner des cours aux enfants.

❑ C. De garder les enfants après l'école.

❑ D. D'apprendre les langues aux enfants.

NIVEAU A2

48.

Monsieur,

Pour faire suite à votre courrier, je me rendrai avec grand plaisir à la présentation du programme de la nouvelle saison de votre théâtre.

Je serai accompagné d'une personne.

Cordialement,

Jean Duquesnes

Pourquoi la personne écrit-elle ce message ?

- ❑ A. Pour répondre à une invitation.
- ❑ B. Pour demander des renseignements.
- ❑ C. Pour obtenir une confirmation.
- ❑ D. Pour faire une réclamation.

49.

Pour vous permettre de faire vos courses avec plaisir, l'équipe de votre magasin fait le nécessaire pour réduire votre attente aux caisses. N'hésitez pas à vous adresser à l'accueil pour toute question.

Qu'annonce le magasin ?

- ❑ A. Le magasin sera en travaux.
- ❑ B. L'accueil sera plus chaleureux.
- ❑ C. La queue ne sera pas longue.
- ❑ D. Les produits seront plus frais.

50.

Bonjour,
Je prendrai connaissance de votre message à mon retour le 24 août.
En cas d'urgence, vous pouvez contacter M. Delaporte à l'adresse suivante : p.delaporte@francemax.com ou au 02 63 58 97 45.
Bien cordialement, M. Pellissier

Qu'apprend-on dans ce message ?

- ❑ A. La personne a quitté son poste.
- ❑ B. La personne est absente.
- ❑ C. La personne a beaucoup de travail.
- ❑ D. La personne a été remplacée.

51.

Chaque mercredi, le *Courrier du Sud*
1,30 euro chez votre marchand de journaux
– toute l'actualité près de chez vous grâce à nos deux éditions
– plus de 28 pages d'informations locales
– 5 pages d'informations sportives
– théâtre, concerts, expositions, cinéma : des idées pour sortir

Quel est l'objectif de cette publicité ?

- ❑ A. Elle annonce le nouveau format du journal.
- ❑ B. Elle informe d'un prochain changement de tarif.
- ❑ C. Elle indique le contenu hebdomadaire du journal.
- ❑ D. Elle présente la parution d'un dossier spécial.

NIVEAU B1

52.

Notre magazine a décidé de réunir les actualités les plus originales, les plus comiques publiées dans la presse dite « sérieuse » et sur Internet. Un canard adopté par un chat, un cambrioleur qui s'endort sur le canapé de sa victime, un perroquet capable de tenir une conversation... c'est insolite, surtout inutile mais ça fait rire tout le monde. Ces histoires d'une vie, d'un moment, sont sans doute à faire partager au plus grand nombre mais surtout vous faire réfléchir à ce dont vous n'auriez sans doute jamais pensé avant...

Que propose le magazine ?

- ❑ A. Des caricatures de la presse internationale.
- ❑ B. Des histoires drôles tirées de la vie quotidienne.
- ❑ C. Des réflexions sur les grands thèmes d'actualité.
- ❑ D. Des nouvelles pour être partagées sur Internet.

53.

Salon Jeunes diplômés les 25 et 26 avril.
Vous avez entre 23 et 28 ans.
Vous êtes diplômés en Ingénierie informatique.
Vous êtes motivés, dynamiques et organisés.
Munissez-vous de votre CV et venez nous rencontrer
au salon Jeunes Diplômés.

Quel est le but de cette annonce ?

- ❑ A. Proposer l'organisation d'une conférence.
- ❑ B. Annoncer un événement de recrutement.
- ❑ C. Informer sur la création d'un nouveau diplôme.
- ❑ D. Présenter une nouvelle méthode de rédaction de CV.

54.

Pour permettre à notre clientèle d'explorer le pays de leur choix tout en profitant d'une flexibilité de voyage, notre agence crée un nouveau produit tarifaire spécial : Pass Voyages. Que ce soit pour affaires, pour le plaisir ou les deux, un seul billet suffit. Le Pass Voyages offre un large choix de destinations pour organiser son voyage à travers le pays choisi, sur les vols opérés par nos compagnies partenaires.

De quoi le Pass Voyages permet-il de bénéficier ?

❑ A. De réductions sur les prochaines réservations.

❑ B. De prix avantageux sur un choix d'hébergement.

❑ C. D'une souplesse dans l'organisation du voyage.

❑ D. D'une assistance personnalisée à l'étranger.

55.

Vous avez envie d'un anniversaire pas comme les autres ? Vous cherchez un thème original avec une idée de sortie pour vos enfants ? Pour trouver des activités sympathiques telles que le musée de la magie, la cuisine tout chocolat, le cirque, rendez-vous sur le site superanniversaire.com. Vous pouvez faire vos recherches par lieu de la fête, âge de l'enfant, etc.

D'après le site Internet de *Modes et Travaux*.

Que propose le site Internet superanniversaire.com ?

❑ A. Des idées de cadeaux d'anniversaire pour tous les âges.

❑ B. Une liste de lieux à éviter pour fêter son anniversaire.

❑ C. Des recettes de gâteaux d'anniversaire créatives.

❑ D. Des suggestions pour célébrer un anniversaire différemment.

56.

Mademoiselle,

Nous avons le plaisir de vous annoncer que le jury chargé d'examiner votre candidature pour le programme spécialisé en informatique a émis un avis favorable. Nous vous remercions de nous confirmer votre participation définitive en nous retournant le formulaire ci-joint accompagné du chèque d'acompte de 500 euros.

Cordialement
Le Service Inscription

De quoi informe-t-on la personne dans cette lettre ?

- ☐ A. De son licenciement d'un poste d'informaticien.
- ☐ B. De son augmentation de salaire.
- ☐ C. De son acceptation à un programme d'études.
- ☐ D. De son changement de statut dans l'entreprise.

NIVEAU B2

57.

Très Brico, très Dépôt recherche son Directeur de magasin h/f. Responsable du magasin, vous décidez de tous les éléments commerciaux, humains et de gestion qui permettent d'atteindre les objectifs économiques fixés. Véritable patron, vous êtes le garant de l'application de l'ensemble des fondamentaux du concept et des politiques de l'entreprise. Interlocuteur des structures centrales, vous relayez les informations auprès de votre équipe et orientez les actions sur le terrain. Vous vous reconnaissez dans ce profil et avez envie de partager notre différence ?
Envoyez votre CV et lettre de motivation
à : recrutement@tresbrico.fr

Quelle compétence doit avoir le candidat recherché ?

❑ A. Une connaissance approfondie de l'informatique.

❑ B. Une expérience importante à l'étranger.

❑ C. Un esprit authentique d'entrepreneur.

❑ D. Une maîtrise parfaite de langues étrangères.

58.

ÉVÉNEMENT : Le Printemps du cinéma, c'est parti !
La onzième édition, qui démarre aujourd'hui et durera jusqu'à mardi soir, offre aux amateurs la possibilité de voir tous les films à l'affiche, à seulement 3,50 € la séance. Une opération rendue possible grâce à l'effort financier des exploitants et des distributeurs eux-mêmes. L'an dernier, 2,8 millions de spectateurs en avaient profité. On en attend autant cette fois. Mais attention, organisez-vous pour être là bien avant la séance pour éviter les files d'attente interminables, l'embouteillage aux caisses, voire d'être refoulé faute de places !

D'après *Le Parisien*, 21 mars 2010.

Quel est le conseil donné pour pouvoir profiter du « Printemps du cinéma » ?

❑ A. Réserver son billet sur Internet.

❑ B. Arriver tôt pour ne pas faire la queue.

❑ C. Préparer une liste des films à voir.

❑ D. Assister aux projections en matinée.

59.

> Le livre n'est pas une marchandise comme une autre. Il est à la fois un objet économique et culturel. On l'achète, on le prête, on le donne, toujours dans le but de partager et de découvrir. Si certains souhaitent qu'il passe de mains en mains pour véhiculer cultures et savoirs à travers le monde, d'autres pensent qu'il appartient à chacun de pouvoir choisir ses propres lectures, ses propres outils de connaissance. Un débat d'idées qui ne peut laisser indifférent autour d'un bien commun que tout le monde peut avoir dans sa poche.
>
> D'après le site Internet Rue89, 18 mars 2009.

Quel est le débat soulevé par cet article ?

- ❑ A. La relation au livre est différente selon les personnes.
- ❑ B. Le métier de libraire est donné à n'importe qui.
- ❑ C. La lecture dès le plus jeune âge rend intelligent.
- ❑ D. La passion de la lecture se transmet selon les générations.

60.

> À TOUS NOS ABONNÉS
> En raison d'une grève touchant l'ensemble des quotidiens nationaux, vous n'avez pas reçu votre journal aujourd'hui et nous en sommes sincèrement désolés. Pour vous permettre de rester à la pointe de l'information, nous vous ouvrons gratuitement pendant cette journée du 15 avril l'accès à l'intégralité du journal en ligne.

Quel est l'objectif de ce message ?

❑ A. Prévenir de la suppression de l'abonnement.

❑ B. Informer des problèmes de livraison.

❑ C. Expliquer l'envoi du mauvais magazine.

❑ D. S'excuser du délai tardif de la réponse.

NIVEAU C1

61.

FANS DES FOURNEAUX
LES PETITS PLATS MAISON ONT LA COTE

Essor des cours de cuisine, succès des émissions culinaires… Les Français se passionnent pour la bonne chère faite maison. Selon le dernier sondage, 97 % cuisinent ou ont quelqu'un dans leur foyer derrière les fourneaux régulièrement. Principale raison de cet engouement, la volonté de manger plus sainement et de façon plus diversifiée. Cité par 34 % des sondés, ce motif arrive loin devant la possibilité de faire des économies (12 %). L'idée de cuisiner soi-même pour savoir ce qu'on mange est omniprésente, comme en témoignent l'attrait pour les jus de fruits réalisés maison ou le développement des jardins communautaires en ville. Mais si le fait main rassure, il fait aussi plaisir. Fini la « cuisine corvée », désormais c'est une pratique enthousiasmante, créative et donc valorisante.

D'après *Direct Matin*, 11 juin 2010.

1. **D'après cet article, quelle est l'attitude des Français vis-à-vis de la cuisine ?**

❑ A. Ils possèdent un don naturel pour la cuisine.

❑ B. Ils souhaitent participer à des émissions culinaires.

❑ C. Ils ont davantage de temps pour faire les courses.

❑ D. Ils préfèrent voir les ingrédients qu'ils cuisinent.

2. **Ce comportement par rapport à la cuisine s'explique par...**

❑ A. la volonté de participer au développement des produits biologiques.

❑ B. l'utilité des informations données dans les émissions télévisées.

❑ C. l'aspiration à pouvoir s'alimenter de manière plus équilibrée.

❑ D. le désir de proposer à ses invités des saveurs originales.

62.

LES SENIORS REDOUTENT LA SOURIS

Attentifs, sérieux et drôlement motivés, les élèves du « cours d'informatique débutants » de l'association Fraternité numérique ont entre... 71 et 83 ans. Ils veulent correspondre avec leurs petits-enfants et naviguer sur Internet « comme tout le monde ». « Ma famille me reproche de ne pas avoir d'adresse de courrier électronique et de ne pas pouvoir recevoir de photos », explique Marcel, 75 ans. Pour Monique, « savoir se servir d'Internet, c'est désormais indispensable pour s'inscrire à la moindre activité ». Tous ces aînés s'initient à l'informatique dans le cadre du programme Seniorcité, destiné aux personnes de plus de 60 ans. La France est l'un des pays de l'Union européenne où les seniors ont le plus de mal à utiliser Internet, constate le directeur du Centre de recherche pour l'étude et l'observatoire des conditions de vie (Credoc), qui suit ces questions. Bernard Benhamou, directeur de la Délégation aux Usages de l'Internet (DUI) explique que c'est sans doute dû à notre absence de culture du clavier. Pendant très longtemps, dans les entreprises, le clavier était confié aux secrétaires, alors qu'aux États-Unis, les patrons des grandes sociétés répondent eux-mêmes à leurs messages ».

D'après *Direct Matin*, 3 mars 2010.

1. Quelle est l'attitude des seniors face à l'informatique ?

- ❑ A. Les seniors se sentent délaissés par l'Union Européenne.
- ❑ B. Les seniors sont friands d'apprendre l'usage d'Internet.
- ❑ C. Les seniors redoutent les services proposés sur Internet.
- ❑ D. Les seniors regrettent les services fournis autrefois par les secrétaires.

2. Quelle conclusion peut-on tirer de ce texte ?

- ❑ A. Les seniors français accusent un retard dans le domaine des nouvelles technologies.
- ❑ B. Il y a une pénurie de secrétaires qui savent utiliser Internet de manière intuitive.
- ❑ C. L'écart technologique se creuse entre les seniors et les nouvelles générations.
- ❑ D. Les patrons sont responsables des réponses apportées aux demandes des seniors.

63.

LE SAVIEZ-VOUS ?

On aime plus ou moins son propre prénom. Plusieurs critères interviennent dans cette autoévaluation : une sonorité fluide ou le fait d'être court. D'après certaines études effectuées dans les années 1990, il y aurait un lien positif entre le fait d'apprécier son prénom et l'estime de soi. Des résultats plus récents indiquent d'autres bénéfices, comme la satisfaction dans la vie et une plus grande tendance au bonheur. Constituant notre première identité sociale, entendu des dizaines de fois dans une seule journée, le prénom a donc une importance considérable. Il marque la vie, et peut même influencer la vie sentimentale. Certaines sonorités du prénom peuvent influencer la perception de l'attrait physique. On trouve plus attirante une personne dont on apprécie la phonologie du prénom. Enfin, on a intérêt à porter un prénom commun plutôt qu'un prénom rare, car la familiarité est perçue positivement. Il a été ainsi découvert qu'une personne a plus de chances d'obtenir satisfaction à sa requête si son interlocuteur porte le même prénom qu'elle.

D'après *Le Monde*, hors série jeux,
« Connaissez-vous la psychologie ? », 2010.

Qu'explique l'article sur les liens entre le prénom porté et l'individu ?

- ❑ A. La répétition du prénom influe sur l'humeur de l'interlocuteur.
- ❑ B. La familiarité peut être créée grâce au fait de porter un prénom rare.
- ❑ C. L'attirance pour quelqu'un est renforcée par la consonance du prénom.
- ❑ D. Une autoévaluation permet d'accepter un prénom qui n'est pas aimé.

NIVEAU C2

64.

COMMENT BIEN « MANAGER » ?

Patrick Barrau, coach professionnel, rappelle qu'« un bon manager », est quelqu'un qui prend des initiatives, motive et rassemble les bonnes volontés mais, dans le même temps, délègue et donne du pouvoir à ses collaborateurs. Il est capable de rester dans l'ombre quand rien ne l'appelle au grand jour et de s'exposer quand la nécessité l'exige. C'est un pionnier et il ouvre les portes de l'avenir, mais peut aussi bien aller à contre-courant de l'opinion dominante. Il abandonne la pensée purement opérationnelle au profit de la pensée évolutive et anticipatrice, en prise sur les besoins de demain et les évolutions des produits et des organisations. Par-dessus tout, un dirigeant qui donne envie aux autres de réaliser des projets, des objectifs, voire leurs rêves. Il aide ceux qui l'entourent à acquérir une souveraineté personnelle et il redonne du sens aux moments les plus difficiles, les plus redoutés. Enfin, il allie également une intelligence à la fois profonde et pratique à une grande force de caractère. Celle-ci lui est indispensable pour ne pas être déstabilisé par les événements et par les êtres.

D'après le site Internet Keyros.net, 22 octobre 2006.

1. Selon ce texte, qu'est-ce qu'un bon manager ?

❑ A. Celui qui sait dégager des bénéfices.

❑ B. Celui qui réussit à allier l'action et l'esprit.

❑ C. Celui qui atteint tous les objectifs fixés.

❑ D. Celui qui fait travailler les autres pour lui.

2. Par laquelle des qualités suivantes se caractérise également un bon manager ?

❑ A. Un manager sait redonner de la force à ses collaborateurs dans les moments pénibles.

☐ B. Un manager sait jouer sur plusieurs fronts à la fois pour obtenir gain de cause.

☐ C. Un manager sait prendre le relais sur des dossiers à traiter dans l'urgence.

☐ D. Un manager ouvre les portes aux collaborateurs d'autres équipes.

65.

LES LANGUES ÉTRANGÈRES : DES MATIÈRES MORTES

– Comment remédier à cette tendance qui existe en France à enseigner les langues étrangères comme des matières mortes ?

– La façon même de concevoir l'enseignement doit sans doute être repensée, afin qu'il accorde plus de place à l'expression orale et soit moins formaliste.

Au-delà, il serait utile de multiplier les échanges d'enseignants entre les pays européens : comment espérer parler un anglais « naturel » si on ne peut que copier quelqu'un dont ce n'est pas la langue maternelle ?

Le nombre de cours dispensés en anglais, en allemand ou en espagnol par exemple devrait aussi augmenter au fil des années de scolarité, afin qu'au niveau du diplôme seul le français soit encore enseigné en français. On pourrait par exemple introduire un cours d'histoire en anglais au niveau de la seconde, et en rajouter deux autres jusqu'à la terminale. En fait, tout ce qui peut favoriser une proximité quotidienne avec les langues étrangères doit être encouragé. La multiplication des films en version originale par exemple : la Finlande ou les Pays-Bas n'ont pas un bassin linguistique suffisant pour que soient traduits dans leur langue beaucoup de films, et c'est une bénédiction au regard de la connaissance de l'anglais ! Les séjours linguistiques aussi, devraient être quasi-obligatoires pour tous. Au nom de l'apprentissage des langues mais aussi au nom de l'Europe et de la démocratie.

D'après la lettre d'information Educational Testing Service, novembre 2008.

1. **De quoi est-il question dans cet article ?**

   ❑ A. L'amélioration des conditions des étudiants en langues.

   ❑ B. La réfection entière du système d'enseignement.

   ❑ C. Les dispositions pour attirer des étudiants européens.

   ❑ D. La réforme en France pour s'aligner sur le système européen.

2. **Quelle solution propose ce texte pour un meilleur apprentissage des langues étrangères ?**

   ❑ A. Inscrire les enfants dans des établissements bilingues dès le plus jeune âge.

   ❑ B. Mettre en place un apprentissage linguistique uniquement à travers les films.

   ❑ C. Adapter le contenu des cours dispensés par des locuteurs natifs.

   ❑ D. Encourager quotidiennement un contact direct avec la langue.

66.

LA FLUIDITÉ : LE « GRAAL » DU SPORTIF

Qu'ils soient professionnels ou amateurs, tous les sportifs recherchent cette forme d'état second où... tout semble leur réussir ! Le temps d'un match, d'une course ou d'un lancer, leur geste va atteindre le sommet de la perfection, celui qu'ils ont imaginé, visualisé et travailler des milliers de fois à l'entraînement... « Cet état traduit une implication totale dans une tâche, à tel point que le contrôle des actes échappe à la conscience de l'individu, explique Yves Paquet, dans son ouvrage 150 petites expériences de psychologie du sport. Cet état de grâce permet alors la réalisation des performances. » Il y a la sensation de facilité, de plaisir, de contrôle et de perfection optimale. Le marathonien, par exemple, galvanisé par les endorphines, ces neurotransmetteurs qui sont secrétés par le cerveau et qui donnent un sentiment de bien-être et d'euphorie, aura l'impression que son corps est une mécanique parfaitement huilée qui peut lui permettre de courir... jusqu'au bout du monde ! Reste à savoir comment atteindre cet état de fluidité.

D'après *Le Monde* pour *Direct Matin*, 10 juin 2010.

1. **D'après ce texte, que recherche un sportif ?**

   ☐ A. Un état de parfaite harmonie.

   ☐ B. Le contrôle absolu de son cerveau.

   ☐ C. Une implication forte à l'entraînement.

   ☐ D. La possibilité de mesurer ses capacités.

2. **Par quoi s'explique cette recherche ?**

   ☐ A. Par l'émotion ressentie à la fin de la compétition.

   ☐ B. Par le sentiment d'accomplir l'exploit sportif parfait.

   ☐ C. Par la récompense de tout le travail effectué.

   ☐ D. Par le contentement de répéter le même geste.

TEST N° 1

ÉPREUVES FACULTATIVES

EXPRESSION ÉCRITE

NIVEAU A1

Écrivez une lettre à la famille qui vous accueillera pendant votre séjour en France. Présentez vous, expliquez votre travail/vos études, vos loisirs, etc. (environ 40 mots)

NIVEAU A2

Votre ami(e) vous invite à un dîner. Vous lui écrivez un message électronique pour lui dire que nous ne pourrez pas être présent et expliquez la raison (environ 60 mots).

NIVEAU B1

Comment envisagez-vous les vacances idéales ? Écrivez un texte pour expliquer vos préférences (environ 80 mots).

NIVEAU B2

Quels sont, à votre avis, les avantages et les inconvénients de voir des films en version originale ou en version traduite ?

NIVEAU C1

Selon vous, l'accès à la culture doit-il être nécessairement payant ?

NIVEAU C2

Lisez le texte suivant et proposez un compte rendu (environ 100 mots).

L'ENTREPRISE MÉFIANTE
FACE AUX RÉSEAUX SOCIAUX

L'Internet n'en finit pas de bouleverser les habitudes. L'objectif initial de réserver ces technologies à des fins amicales ou communautaires – pour échanger photos, idées et vidéos – est bel et bien dépassé puisqu'il déborde aujourd'hui sur bien d'autres sphères : associatives, politiques et de plus en plus professionnelles.

Le problème est que les entreprises se méfient de ces liens en ligne. En effet, elles justifient leurs craintes par l'évocation de risques de réputation et de divulgation d'informations confidentielles. Sociabiliser en ligne depuis le lieu de travail pèserait aussi, d'après elles, sur la productivité. Sans compter enfin que télécharger des photos et vidéos ralentit le système informatique et qu'ouvrir les systèmes maison aux réseaux sociaux accentue les risques de piratage.

L'attitude des dirigeants est donc à la méfiance dans la mesure où les salariés n'hésitent plus à parler de leur entreprise sur des réseaux professionnels en ligne. « L'employeur ne dispose d'aucun moyen de contrôle des contenus véhiculés via les réseaux sociaux personnels… Or, celui tenté par la politique du laisser-faire peut voir sa responsabilité mise en cause en tant que commettant », rappelle Christiane Feral-Schuhl, avocat à la cour. Autant de raisons qui commencent à pousser les directions à y regarder de plus près, à y glaner des informations sur les salariés en poste et les futurs embauchés et à sanctionner en cas de divulgation d'images inappropriées et de propos malveillants.

D'après *Les Échos*, 26 juin 2009.

EXPRESSION ORALE

NIVEAU A1

Pouvez-vous décrire une personne que vous connaissez ?

NIVEAU A2

À quoi consacrez-vous votre temps libre ?

NIVEAU B1

Pouvez-vous raconter une expérience inoubliable ?

NIVEAU B2

Pensez-vous qu'il est plus facile d'apprendre une langue étrangère lorsqu'on est enfant ?

NIVEAU C1

Selon vous, est-il important pour un pays de sauvegarder son patrimoine ?

NIVEAU C2

Pensez-vous que le développement des différents moyens de communication (Internet, téléphone portable...) soit réellement un progrès pour l'homme ?

TEST N° 2

ÉPREUVES OBLIGATOIRES

COMPRÉHENSION ORALE

NIVEAU A1

Vous allez entendre une question suivie de 4 réponses. Choisissez la réponse qui correspond le mieux à la question posée.

Attention, vous n'entendrez l'enregistrement qu'une seule fois.

1. ❑ A. ❑ B. ❑ C. ❑ D.

2. ❑ A. ❑ B. ❑ C. ❑ D.

3. ❑ A. ❑ B. ❑ C. ❑ D.

4. ❑ A. ❑ B. ❑ C. ❑ D.

5. ❑ A. ❑ B. ❑ C. ❑ D.

NIVEAU A2

Vous allez entendre une annonce suivie d'une question. Lisez les 4 propositions de réponses et choisissez celle qui correspond le mieux à la question posée.

Attention, vous n'entendrez l'enregistrement qu'une seule fois.

6. ❑ A. La personne prend rendez-vous.

❑ B. La personne s'est trompée de numéro.

❑ C. La personne demande un conseil.

❑ D. La personne donne des indications.

7. ❑ A. De rappeler rapidement.

❑ B. De laisser son numéro.

❑ C. De donner une réponse.

❑ D. De s'excuser pour le retard.

8. ❑ A. Elles regardent le menu.

❑ B. Elles attendent un ami.

❑ C. Elles commencent à dîner.

❑ D. Elles appellent le serveur.

NIVEAU B1

Vous allez entendre un enregistrement suivi d'une question. Lisez les 4 propositions de réponses et choisissez celle qui correspond le mieux à la question posée.

Attention, vous n'entendrez l'enregistrement qu'une seule fois.

9.
- ❑ A. La personne ne retrouve pas son billet.
- ❑ B. La personne doit appeler un autre numéro.
- ❑ C. La personne veut changer la date de départ.
- ❑ D. La personne est insatisfaite du service proposé.

10.
- ❑ A. Elle est trop fatiguée pour sortir.
- ❑ B. Elle n'est pas disponible ce week-end.
- ❑ C. Elle n'aime pas les pique-niques.
- ❑ D. Elle doit rester à la maison pour étudier.

11.
- ❑ A. La personne prend rendez-vous chez le médecin.
- ❑ B. La personne refuse de se reposer.
- ❑ C. La personne explique qu'elle va mieux.
- ❑ D. La personne doit suivre un traitement.

12. ☐ A. De venir la rencontrer à la gare.

☐ B. De chercher les enfants à l'école.

☐ C. De préparer le dîner pour son retour.

☐ D. De transmettre le message à sa mère.

NIVEAU B2

Vous allez entendre un enregistrement suivi d'une ou deux questions. Lisez les 4 propositions de réponses et choisissez celle qui correspond le mieux à la question posée.

Attention, vous n'entendrez l'enregistrement qu'une seule fois.

13.

1. ☐ A. Sur l'évolution des pollutions atmosphériques.

☐ B. Sur l'introduction d'espèces tropicales.

☐ C. Sur la création d'un système de suivi.

☐ D. Sur le développement des parcs naturels.

2. ☐ A. À compter les années.

☐ B. À mesurer la pollution.

☐ C. À déterminer la météo.

☐ D. À répertorier les espèces.

14. ❑ A. Ils évincent les contenus des horoscopes.

❑ B. Ils sont omniprésents dans la vie quotidienne.

❑ C. Ils sont toujours présentés avant la météo.

❑ D. Ils n'interviennent qu'en période électorale.

15. ❑ A. Ils sont préparés par des étudiants.

❑ B. Ils sont reconnus à l'étranger.

❑ C. Ils sont à un prix très compétitif.

❑ D. Ils sont adaptés aux besoins de chacun.

NIVEAU C1

Vous allez entendre un enregistrement suivi d'une ou deux questions. Lisez les 4 propositions de réponses et choisissez celle qui correspond le mieux à la question posée.

Attention, vous n'entendrez l'enregistrement qu'une seule fois.

16.

1. ❑ A. De l'installation d'un service pour récupérer son ordinateur perdu.

❑ B. De la mise en place d'ordinateurs plus performants dans les aéroports.

❑ C. De l'entrée en vigueur de l'étiquetage obligatoire des ordinateurs.

❑ D. De la confiscation des ordinateurs non déclarés à la police.

2. ❑ A. Aux compagnies d'assurance.

❑ B. Au personnel des aéroports.

❑ C. Aux voyageurs distraits.

❑ D. Aux créateurs de sites Internet.

17.

1. ❑ A. Sur les réactions humaines dans un contexte spécifique.

❑ B. Sur les habitudes alimentaires de certaines espèces animales.

❑ C. Sur l'importance des serveurs pour la popularité du restaurant.

❑ D. Sur l'influence de l'orientation du mobilier sur l'humeur.

2. ❑ A. L'organisation d'un restaurant se modélise selon un schéma animal archaïque.

❑ B. La solitude peut être considérée comme indissociable de l'acte de manger.

❑ C. Les mécanismes anciens hérités des animaux resurgissent chez l'homme.

❑ D. La composition de certains aliments constitue un danger pour les animaux solitaires.

NIVEAU C2

Vous allez entendre un enregistrement suivi d'une ou deux questions. Lisez les 4 propositions de réponses et choisissez celle qui correspond le mieux à la question posée.

Attention, vous n'entendrez l'enregistrement qu'une seule fois.

18.

1. ❑ A. Offrir aux acheteurs une meilleure lisibilité sur les produits.

   ❑ B. Interdire l'utilisation de certaines substances dans les produits.

   ❑ C. Augmenter le nombre d'informations nutritionnelles sur les produits.

   ❑ D. Homogénéiser les méthodes d'emballage des produits alimentaires.

2. ❑ A. Elle doit lui fournir une indication des meilleurs tarifs du produit commercialisé.

   ❑ B. Elle doit lui indiquer clairement les renseignements pour une alimentation équilibrée.

   ❑ C. Elle doit lui présenter des emballages confectionnés de manière écologique.

   ❑ D. Elle doit lui permettre de visualiser les différentes possibilités de recyclage du produit.

19.

1. ❑ A. Par la simplicité du style d'écriture utilisé.

   ❑ B. Par l'attitude impénétrable du protagoniste.

   ❑ C. Par la description détaillée des lieux du roman.

   ❑ D. Par l'histoire d'amitié profonde présentée.

2. ❑ A. Il se promène le temps d'un week-end.

   ❑ B. Il comprend mal les attitudes des autres.

   ❑ C. Il est déstabilisé par la rupture avec son ami.

   ❑ D. Il détruit brutalement ce qu'il possédait.

STRUCTURE DE LA LANGUE

NIVEAU A1

20. – Est-ce que vous . . . . . . bien la France ?
– Oui, très bien, je viens souvent en vacances !

❑ A. connaissez

❑ B. parlez

❑ C. savez

❑ D. pensez

21. – Je ne bois pas . . . . . . café le soir.

- ❑ A. du
- ❑ B. le
- ❑ C. de
- ❑ D. un

22. – Est-ce que tu as l'adresse de Michel et Stéphanie ? J'ai une lettre pour . . . . . .

- ❑ A. nous
- ❑ B. toi
- ❑ C. eux
- ❑ D. moi

23. – Pourriez-vous me . . . . . . où se trouve la station de métro ?

- ❑ A. raconter
- ❑ B. dire
- ❑ C. parler
- ❑ D. discuter

NIVEAU A2

24. – Auriez-vous . . . . . . sur 5 euros, s'il vous plaît ?
J'ai besoin de pièces pour le distributeur !

❑ A. l'argent

❑ B. le chèque

❑ C. le billet

❑ D. la monnaie

25. – Vous avez des amis à Paris ?
– Non, je suis arrivé hier, je . . . . . . connais . . . . . .

❑ A. ne… jamais.

❑ B. ne… personne.

❑ C. ne… rien.

❑ D. ne… pas.

26. – Est-ce que vous allez au cinéma ?
– Non, ... ! Je déteste faire la queue
pour acheter le billet !

❑ A. toujours

❑ B. souvent

❑ C. jamais

❑ D. parfois

NIVEAU B1

27. – Paul et Marie, qu'avez-vous fait hier après-midi ?
– Nous nous sommes . . . . . . au bord du lac.

❑ A. promenées

❑ B. promener

❑ C. promené

❑ D. promenés

28. – Je suis arrivé en retard au travail . . . . . . il y avait des embouteillages.

❑ A. car

❑ B. mais

❑ C. donc

❑ D. alors

29. – C'est avec . . . . . . que nous assisterons au mariage de votre fille !

❑ A. joie

❑ B. peine

❑ C. regret

❑ D. honneur

NIVEAU B2

30. – Dès que vous . . . . . . à la maison, téléphonez-moi.

❑ A. soyez rentrés

❑ B. seriez rentrés

❑ C. étiez rentrés

❑ D. serez rentrés

31. – J'ai un empêchement. Je ne pourrai pas venir au travail aujourd'hui car je dois . . . . . . mon fils malade chez le médecin.

❑ A. amener

❑ B. emporter

❑ C. mener

❑ D. ramener

32. – Si tu m'avais prévenu à temps que tu ne viendrais pas, je ne me . . . . . .

❑ A. serai pas déplacé.

❑ B. suis pas déplacé.

❑ C. serais pas déplacé.

❑ D. sois pas déplacé.

NIVEAU C1

33. – Vous pouvez organiser votre travail comme vous le souhaitez . . . . . . le projet est terminé dans les délais.

- ❑ A. au moment où
- ❑ B. à tout moment
- ❑ C. du moment que
- ❑ D. en ce moment

34. – Ce qui est . . . . . . dans votre licenciement, c'est principalement votre manque de professionnalisme et non votre inexpérience.

- ❑ A. en cause
- ❑ B. en jeu
- ❑ C. en question
- ❑ D. en projet

NIVEAU C2

35. – Cela fait une semaine que je travaille jour et nuit ! Je n'en peux plus !

Que signifie l'expression « je n'en peux plus » ?

- ❑ A. Avoir une force incroyable.
- ❑ B. Dénigrer ses propres forces.
- ❑ C. Être à bout de force.
- ❑ D. Obtenir une chose par force.

36. – . . . . . . la conjoncture actuelle, vous comprendrez que je ne suis pas en mesure de répondre favorablement à vos requêtes.

❑ A. Par

❑ B. Selon

❑ C. Vu

❑ D. Pour

COMPRÉHENSION ÉCRITE

NIVEAU A1

37.

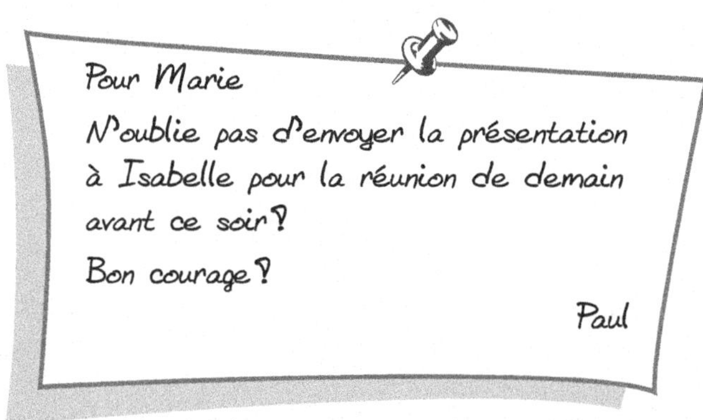

Pourquoi Paul laisse-t-il ce message à Marie ?

❑ A. Pour changer la date de la réunion.

❑ B. Pour l'inviter à un dîner le soir.

❑ C. Pour faire un rappel de son travail.

❑ D. Pour demander un service à Marie.

38.

Pour acheter votre titre de transport :
- Choisissez votre destination
- Appuyer sur « valider »
- Introduisez votre mode de paiement (carte bancaire ou espèces)
- Attendez votre reçu

Bon voyage !

Que concernent ces instructions ?

❑ A. Le paiement d'un voyage organisé.

❑ B. L'achat d'un billet de transport.

❑ C. La réservation d'un guide touristique.

❑ D. La demande d'une brochure.

39.

Personne avec 10 ans d'expérience propose cours de piano.
Téléphoner le soir à partir de 18 heures au 06 15 76 34 98.

Que propose-t-on dans cette annonce ?

❑ A. De faire des travaux.

❑ B. De donner des leçons.

❑ C. De garder des enfants.

❑ D. De faire le ménage.

40.

> Du 10 au 15 septembre : pour deux pizzas achetées, nous vous offrons une grande salade et deux boissons. Rendez-vous vite dans votre restaurant préféré !

De quoi est-on informé dans cette annonce ?

- ❑ A. D'une promotion exceptionnelle.
- ❑ B. De la fermeture du restaurant.
- ❑ C. Du changement de propriétaire.
- ❑ D. De l'arrivée d'un nouveau chef.

NIVEAU A2

41.

> Musée de la photographie
> Visites guidées spéciales
> Tous les jours
> Tarif : 5 euros par personne.
> Groupe à partir de 10 personnes.
> Réservation obligatoire par téléphone.
> Service visites ouvert de 9 h 30 à 16 h 30.
> Tél. : 01 75 43 29 76

Quelle est la consigne pour réserver une visite ?

- ❑ A. Il faut un minimum de personnes.
- ❑ B. Il faut se présenter au guichet.
- ❑ C. Il faut venir avec son guide.
- ❑ D. Il faut payer avant la visite.

42.

Sauf erreur, nous n'avons pas reçu la photocopie de votre carte d'identité et votre dernier diplôme pour compléter votre dossier. Merci de nous les adresser rapidement.

Le secrétariat

Que doit faire la personne qui reçoit cette lettre ?

- ☐ A. Obtenir son diplôme.
- ☐ B. Suivre un cours.
- ☐ C. Envoyer des documents.
- ☐ D. Aller au secrétariat.

43.

Vous voulez participer à la vie de votre quartier ?
Rejoignez nos réunions mensuelles pour discuter des projets de votre ville !

Inscrivez-vous avant le 1er octobre.

À quoi invite cette annonce ?

- ☐ A. À un concert.
- ☐ B. À une rencontre.
- ☐ C. À un anniversaire.
- ☐ D. À une manifestation.

44.

Ce système d'information est provisoirement hors service. Nous vous prions de nous excuser pour la gêne occasionnée.

Qu'explique ce panneau ?

- ☐ A. L'appareil ne fonctionne pas.
- ☐ B. L'information n'est pas correcte.
- ☐ C. La machine n'accepte pas les pièces.
- ☐ D. Le billet n'est plus valide.

NIVEAU B1

45.

À nos lecteurs.

Nous vous remercions de l'envoi de votre article et de votre fidélité à notre journal. Pour des raisons de place et de rapidité, nous vous proposons à partir de maintenant de publier votre point de vue directement sur notre site Internet. Pour toutes précisions ou informations complémentaires dont vous auriez besoin, vous pouvez nous écrire à opinions@journaldefrance.com.

De quoi sont informés les lecteurs ?

- ☐ A. D'un changement de format du journal.
- ☐ B. D'une nouvelle possibilité de publication.
- ☐ C. De la parution d'interviews exceptionnelles.
- ☐ D. Du calendrier d'envoi des prochains numéros.

46.

LA CENTRALE DE RÉSERVATION

Un service ultrarapide pour organiser son séjour ou réserver son hébergement. Votre interlocuteur unique vous conseille grâce à sa parfaite connaissance du territoire, effectue une recherche personnalisée des hébergements disponibles correspondant à vos critères (confort, budget, dates de séjour) et finalise la réservation. Il peut vous proposer le séjour tout compris adapté à vos envies. Vous pourrez également bénéficier de promotions en consultant le site www.centralereservation.fr ou en nous téléphonant au 0825 458 964.

Quel est l'avantage mis en valeur par cette centrale de réservation ?

❑ A. Un accueil multilingue.

❑ B. Une possibilité de crédit.

❑ C. Une assurance incluse.

❑ D. Un service personnalisé.

47.

Chers collègues,
Vous trouverez en pièce jointe le compte rendu de la réunion du 20 septembre. J'attire votre attention sur le retard que nous avons pris pour le projet « GrandBip ». Je vous prie de bien vouloir faire le nécessaire afin de respecter les délais dans la réalisation des différents travaux que nous devons effectuer et compte sur la participation de tous. Avec mes remerciements.
Le directeur

Le directeur adresse ce message dans le but de…

❑ A. recruter de nouveaux intervenants.

❑ B. convoquer à une autre réunion.

❑ C. faire avancer le projet en cours.

❑ D. préparer le prochain projet.

48.

LOISIRS : LE QI GONG SÉDUIT

Dans les parcs ou en bord de mer, le qi gong rencontre un franc succès. Cette gymnastique de santé traditionnelle chinoise organise dimanche sa 16e journée nationale avec démonstrations, conférences et ateliers pratique, dans neuf villes de France, dont Paris, Marseille et Nantes. La pratique, vieille de plus de 3 000 ans et introduite en France dans les années 1970, consiste à allier de lents mouvements à de profondes respirations pour apprendre à se détendre. Le qi gong a connu un fort développement depuis quelques années. Il compte 40 000 pratiquants, 400 professeurs diplômés et 300 associations partout en France.

D'après *Direct Matin*, 3 juin 2010.

Qu'annonce ce document ?

❑ A. Un concours pour gagner un abonnement sportif.

❑ B. Une compétition sportive de haut niveau.

❑ C. La construction d'un nouveau centre sportif.

❑ D. La découverte d'une nouvelle activité sportive.

49.

Monsieur,

Nous avons eu le plaisir de vous recevoir dans nos locaux lors de notre entretien et nous vous remercions de l'intérêt que vous avez porté à notre société. Nous sommes cependant au regret de vous informer que nous n'avons pas retenu votre candidature. Nous nous permettons de garder votre dossier pour un poste correspondant mieux à votre profil.

Nous vous prions de recevoir, Monsieur, nos cordiales salutations.

Le service des Ressources Humaines

Qu'apprend le lecteur en lisant cette lettre ?

❑ A. Le refus de sa candidature.

❑ B. La nomination d'un directeur.

❑ C. La recherche d'un candidat.

❑ D. Les conseils du recruteur.

NIVEAU B2

50.

PARTIR À LA DÉCOUVERTE… D'AMSTERDAM
BALADE AU FIL DE L'EAU

Nombreuses sont les villes comparées à Venise à travers le monde. Mais une en particulier surnage parmi les autres : Amsterdam. Nichée sur les rives du fleuve Amstel, dont elle tire en partie son nom, celle qu'on appelle la « Venise du Nord » charme tous ses visiteurs. Ses canaux dans lesquels se mirent de beaux immeubles aux façades élancées – environ 7 000 maisons sont classées monuments historiques – et son centre-ville quasi hermétique à la circulation automobile en font un paradis pour les marcheurs et les cyclistes. Et cela tombe bien, car la ville n'est pas très étendue et se laisse parcourir facilement. Avec, d'un quartier à l'autre, des ambiances très différentes.

D'après *Direct Matin*, n° 697, vendredi 11 juin 2010.

Quel aspect de la ville d'Amsterdam est mis en valeur ?

- ☐ A. Les dangers de la circulation à vélo.
- ☐ B. La balade piétonne.
- ☐ C. L'état des canaux.
- ☐ D. La petitesse des maisons.

51.

CYCLE DE CONFÉRENCE :
L'ENTRETIEN DE RECRUTEMENT
PAR PHILIPPE VILLEMUS
JEUDI 22 AVRIL 2010 À 14 HEURES

Comme tous les ans, cette conférence sera centrée sur l'entretien de recrutement, Philippe Villemus exposera son approche scientifique visant à aider les recruteurs à mieux choisir parmi les postulants et expliquera comment créer de bonnes conditions pour un entretien d'embauche efficace. Il apportera également des conseils pour les futurs recrutés.

Sur quoi portera cette conférence ?

- ❑ A. Sur l'intérêt de se diriger vers une filière scientifique.
- ❑ B. Sur la présentation des prochains postes à pourvoir.
- ❑ C. Sur le compte rendu annuel du moral des recruteurs.
- ❑ D. Sur la façon de mieux aborder l'entretien de recrutement.

52.

« ULYSSE EN GAULE »

Connaissez-vous la cuisine grecque ? Quelque soit la réponse, allez la découvrir ou la redécouvrir dans ce restaurant-traiteur où vous êtes accueillis à bras ouverts par Chryssoula. Dans ce quartier où foisonnent les restaurants grecs, chacun sait qu'elle prépare mieux que personne les recettes typiques de son pays d'origine. Arrivée en France voilà vingt-cinq ans, la patronne a fait du chemin à force de labeur et de conviction. Aujourd'hui, elle régale ses hôtes et l'on revient souvent à sa table. Derrière le comptoir, on aperçoit aussi de nombreux produits d'épiceries fines. La cuisine grecque comme nulle part ailleurs !

1. **Pourquoi est-il conseillé de se rendre au restaurant de Chryssoula ?**

❏ A. Il est unique dans le quartier.

❏ B. Il offre une cuisine authentique.

❏ C. Il reçoit une clientèle jeune.

❏ D. Il propose des prix intéressants.

2. **Qu'explique le texte sur le parcours de Chryssoula ?**

❏ A. Elle a beaucoup travaillé pour arriver à ce résultat.

❏ B. Elle a eu des difficultés pour apprendre la langue.

❏ C. Elle a appris à cuisiner très tôt avec sa famille.

❏ D. Elle a fait appel à ses amis pour l'aider au restaurant.

NIVEAU C1

53.

L'Unesco a inscrit le « repas gastronomique des Français » sur la liste de son « patrimoine culturel immatériel de l'humanité ». L'organisation met à l'honneur son rituel et sa présentation. « La gastronomie française relève d'une pratique sociale coutumière destinée à célébrer les moments les plus importants de la vie des individus et des groupes » indique l'Unesco. Cela en fait un nouveau monument du patrimoine français, à promouvoir et à conserver. C'est la première fois qu'une gastronomie nationale entre au « patrimoine immatériel de l'humanité », où figurent l'acupuncture chinoise et le tango argentin.

D'après *Direct Matin*, 17 novembre 2010.

Pourquoi la gastronomie française est-elle entrée au patrimoine immatériel de l'humanité ?

- ❑ A. Parce qu'elle présente des analogies avec l'acupuncture chinoise.
- ❑ B. Parce qu'il fallait introduire un élément français dans le classement.
- ❑ C. Parce qu'elle a un caractère traditionnel qui touche les individus.
- ❑ D. Parce qu'elle a réussi à mettre à l'honneur les actions de l'UNESCO.

54.

LES PARENTS D'ÉLÈVES ABUSENT

Depuis quelques semaines, les médias japonais se font l'écho d'un phénomène inquiétant, l'émergence de « parents monstres ». Ce terme désigne les parents d'élèves conférant à leurs enfants tous les droits, et exigeant des professeurs qu'ils leur accordent un traitement excessivement favorable. Les professeurs sont ainsi soumis à un chantage insoutenable. À tel point que les 60 000 employés des écoles municipales de Tokyo ont reçu une brochure avec des conseils pour gérer ces « parents monstres ». Les exemples foisonnent dans les journaux de l'archipel. Un parent exigeait ainsi de l'instituteur qu'il vienne chercher son enfant à la maison le matin, d'un autre qu'il prépare le panier-repas de son rejeton. Une situation qui peut impliquer des conséquences dramatiques pour les professeurs. Dans ce sens, les experts dénoncent une « marchandisation de l'éducation ».

D'après *Direct Matin*, 24 mars 2010.

1. **D'après ce texte, quel est le phénomène inquiétant apparu au Japon ?**

❑ A. La mutation du comportement des enfants.

❑ B. Le délaissement des enfants en difficulté.

❑ C. L'intransigeance des parents d'élèves.

❑ D. Les prérogatives accordées aux élèves.

2. **Quelle est la conséquence du phénomène constaté ?**

❑ A. La création d'un nouveau règlement pédagogique.

❑ B. La démission immédiate d'employés dans les écoles.

❑ C. La confrontation des enseignants à une pression importante.

❑ D. L'instauration de repas préparés par les professeurs.

55.

LOISIRS : « LA NAGE POUR LA PAIX »

Nous sommes fin mai, dans l'Himalaya, et la chaîne anglaise Sky News retransmet dans le monde entier, en léger différé, l'exploit insolite que réalise Lewis Gordon Pugh. Ce Britannique de 40 ans veut devenir le premier homme à nager 1 km dans le lac glaciaire du Pumori, sur le mont Everest. Température de l'eau : 2 °C. Altitude : 5 300 mètres. « Je me suis déjà baigné au pôle Nord » rappelle cet avocat célèbre pour ses performances aquatiques dans les zones inhospitalières du globe. « Mes performances ont pour but d'attirer l'attention sur des problèmes écologiques, précise Lewis Gordon Pugh. Je veux montrer que même le toit du monde est touché par la fonte des glaciers. Des millions de gens dépendent de l'eau de ces lacs. ». Voilà un champion qui n'a pas peur de se jeter à l'eau pour défendre ses idées…

D'après *Direct Soir*, 4 juin 2010.

1. Par son exploit, ce sportif souhaite…

- ❑ A. démontrer l'indépendance entre les phénomènes écologiques et l'altitude.
- ❑ B. éveiller les consciences à l'importance de défendre l'environnement.
- ❑ C. sensibiliser la population aux bienfaits de la natation en eaux froides.
- ❑ D. illustrer les difficultés d'entraînement d'un sportif de haut niveau.

2. Comment comprenez-vous la conclusion de cet article : « Voilà un champion qui n'a pas peur de se jeter à l'eau pour défendre ses idées. »

- ❑ A. S'engager pleinement pour soutenir une cause.
- ❑ B. Être reconnu comme une personne célèbre.
- ❑ C. Abandonner ses valeurs par découragement.
- ❑ D. Sacrifier sa vie pour protéger son métier.

NIVEAU C2

56.

GARE À L'ORTHOGRAPHE !

Le français sans fautes n'a pas dit son dernier mot. Les entreprises, inquiètes des lacunes en orthographe de leurs recrues, tentent de les combler. Délaissée, malmenée, torturée ces dernières années dans les copies d'examens et jusque dans les communiqués de ministères, l'orthographe refait l'objet de soins attentifs. À l'école, mais aussi dans les entreprises qui ont pris le taureau par les cornes en constatant les ravages des courriers électroniques et des textos sur la production écrite de leur personnel. Une nouvelle espèce est ainsi apparue dans les bureaux : le « coach en orthographe ». « Les salariés se rendent compte aujourd'hui que ce n'est pas la faute en elle-même qui est gênante, mais l'effet négligé qu'elle renvoie », souligne l'un des pionniers du genre, Bernard Fripiat, auteur de *Se réconcilier avec l'orthographe*. « Il s'agit souvent de fautes d'attention, relève le consultant. Aujourd'hui, on écrit tout soi-même, sans secrétaire, tout doit être envoyé très vite. Cela contribue à multiplier les fautes. » N'empêche : les lacunes sont telles que les cabinets de recrutement font maintenant de l'orthographe un critère de sélection pour des métiers qui comportent une part de rédactionnel.

D'après *Le Point,* 17 mars 2010.

1. Selon l'article, qu'est-ce qui explique la recrudescence des fautes d'orthographe ?

❑ A. Une diminution de la part de rédactionnel dans les métiers.

❑ B. Une inattention des secrétaires lors de la frappe de documents.

❑ C. Un rythme de travail qui demande davantage de rapidité.

❑ D. Un manque d'intérêt des employés pour la langue.

2. **Quelle est la solution exposée dans le texte pour faire face à la recrudescence des fautes d'orthographe dans le monde de l'entreprise ?**

- ❑ A. La mise en place d'un correcteur orthographique.
- ❑ B. Le recrutement de secrétaires spécialisées.
- ❑ C. L'acquisition d'un logiciel d'écriture automatique.
- ❑ D. L'accompagnement rédactionnel du salarié.

57.

RYTHME SCOLAIRE

Si la majorité des familles, dans les sondages, dit apprécier la grasse matinée du samedi, deux fédérations de parents d'élèves déplorent que l'école se calque sur les envies des adultes, en ignorant le rythme biologique des enfants. L'inspection générale de l'Éducation nationale a aussi tiré la sonnette d'alarme : les élèves sont fatigués ! À l'usage, les professeurs ont constaté qu'ils traînaient encore plus la patte. Leur cadence est plus dense avec un programme plus lourd en vingt-quatre heures de cours et pour certains deux heures de soutien. L'attaque ultime est venue de l'Académie de médecine qui a consacré un rapport à dénoncer les effets néfastes sur la santé des enfants de rythmes scolaires aberrants : journées trop longues, vacances mal réparties, semaines hachées…

Extrait de *Le Parisien*, 23 mars 2010.

1. **Quel constat émet ce document sur les rythmes scolaires ?**

- ❑ A. L'incapacité des parents à suivre le rythme imposé.
- ❑ B. Les répercussions graves sur la santé des élèves.
- ❑ C. La fatigue généralisée de tous les professeurs.
- ❑ D. L'accoutumance du rythme biologique des enfants.

2. Qu'explique le texte sur l'attitude des parents ?

❑ A. Ils trouvent préférable de mettre leurs enfants à l'école le samedi.

❑ B. Ils souhaitent créer des classes de perfectionnement le samedi.

❑ C. Ils apprécient de pouvoir se reposer plus longtemps le samedi.

❑ D. Ils se plaignent des absences des professeurs le samedi.

TEST N° 2

ÉPREUVES FACULTATIVES

EXPRESSION ÉCRITE

NIVEAU A1

Vous êtes en vacances au bord de la mer. Écrivez une carte postale à vos amis (environ 60 mots).

NIVEAU A2

Vous écrivez un courrier électronique à une école de français pour demander plus d'informations sur les cours, les tarifs, les dates, etc. (environ 60 mots).

NIVEAU B1

Décrivez les circonstances de la rencontre la plus importante de votre vie (environ 80 mots).

NIVEAU B2

Quels sont, à votre avis, les avantages et les inconvénients de l'ouverture des magasins le dimanche ? Illustrez votre réponse avec des exemples (environ 100 mots).

NIVEAU C1

L'introduction des mots d'origine étrangère dans une langue est-elle, selon vous, une richesse ?

NIVEAU C2

Lisez le texte suivant et proposez un compte rendu (environ 100 mots).

LES SECRETS DU BONHEUR

Le bonheur, c'est comme la bicyclette : ça s'apprend. Plus on le pratique, meilleur on devient. Vous n'y croyez pas, pessimistes convaincus, que le bonheur est une grâce éphémère qui surgit puis s'évapore, un cadeau furtif ? Vous n'avez pas fondamentalement tort. Le bonheur est, bien sûr, un état de conscience rare, la saveur inopinée d'un instant. Toutefois, nombreux sont ceux qui, ayant décidé de chercher le bonheur, l'ont trouvé.

Laurence Shorter, cet Anglais de 38 ans, par exemple, a fait de l'apprentissage du bonheur son métier. Après un excellent parcours universitaire, il est embauché à la City, brasse des milliards, lance une start-up sur Internet, puis fait faillite. Il se met à traîner au lit, à ronchonner, jusqu'à ce qu'un matin, écœuré d'entendre la radio égrener son flot de nouvelles sombres, il décide de trouver le bonheur. « Il doit exister de bonnes raisons d'être heureux. Pendant trois ans, je suis allé à la rencontre de tous ceux qui affirmaient être heureux et je leur ai demandé comment ils faisaient, quels étaient leurs secrets », raconte l'auteur de l'ouvrage *Le Secret de l'optimiste*. Que lui ont dit ces heureux de la planète ? « Que nous avons le pouvoir de choisir le bonheur. Il suffit de décider qu'on peut trouver du bien dans chaque instant de la vie. En s'entraînant à reconnaître le bonheur, à l'apprécier, on devient de plus en plus heureux. »

En y regardant de plus près, nous n'avons jamais été en aussi bonne santé, nos maisons n'ont jamais été aussi bien chauffées, nous avons des téléphones pour nous parler, des télévisions pour nous distraire, des livres pour nous cultiver et des vaccins pour nous prémunir contre la maladie. Et malgré cela, dans toutes les enquêtes mondiales de satisfaction, nous clamons notre malheur, ou plus exactement nous ronchonnons notre insatisfaction chronique. Pourtant le bonheur est à l'origine de la survie de l'espèce humaine. Le problème est que nous l'avons perdu en route. Le bonheur ne serait-il donc pas à apprendre mais à réapprendre ?

D'après *LePoint.fr*, 18 juin 2009

EXPRESSION ORALE

NIVEAU A1

Pouvez-vous parler de vos activités quotidiennes (au travail, à l'école...)?

NIVEAU A2

Pourquoi étudiez-vous le français?

NIVEAU B1

Quels conseils donneriez-vous à quelqu'un qui souhaite apprendre le français?

NIVEAU B2

Pensez-vous que l'argent rende heureux?

NIVEAU C1

Quelle est votre opinion sur les grands événements sportifs?

NIVEAU C2

À votre avis, les médias doivent-ils tout montrer?

Transcriptions des documents sonores

PARTIE 3 – EXERCICES D'ENTRAÎNEMENT

► *Épreuves obligatoires*

COMPRÉHENSION ORALE

NIVEAU A1

Section I

1. A. Merci beaucoup !
B. Je m'excuse !
C. Ce n'est rien !
D. Avec plaisir !

2. A. Des nuages sur toute la région.
B. Un grand soleil aujourd'hui.
C. Quelques pluies dans le sud.
D. Beaucoup de brouillard.

3. A. Tiens, voilà le verre !
B. Il faut ranger la vaisselle !
C. Tu dois cuisiner !
D. Il n'y en a plus !

4. A. C'est tout ?
B. C'est par où ?
C. C'est à quel nom ?
D. C'est pour quand ?

5. A. Entrez, c'est par ici !
B. Lavez-vous bien, c'est sale !
C. Prenez-le deux fois par jour !
D. Écoutez-le, c'est important !

6. A. Deux tickets, s'il vous plaît.
B. Un plat et une boisson, c'est tout.
C. Un bouquet pour offrir, merci.
D. Un comprimé deux fois par jour.

Section II

7. Vous désirez autre chose, Monsieur ?
A. Je vais aller au cinéma.
B. Je vais faire les courses.
C. Je vais écouter la radio.
D. Je vais prendre un café.

8. Tu veux qu'on se retrouve au café pour prendre un verre ?
A. De rien, ce n'est pas grave.
B. Volontiers, demain après-midi.
C. Merci, j'ai bien mangé.
D. Pardon, je n'ai plus d'eau.

9. D'où venez-vous ?
A. Nous sommes de Grèce.
B. Nous partons en Grèce.
C. Nous restons en Grèce.
D. Nous allons en Grèce.

10. Le prochain train pour Rennes part à quelle heure ?
A. Dans une demi-heure.
B. La semaine dernière.
C. Jusqu'à demain.
D. Depuis trois jours.

11.

Bonjour Marie ! C'est Sophie. J'espère que tu vas bien. Je te téléphonais pour savoir si tu voulais aller au cinéma avec moi ce soir. Rappelle-moi vite ! À bientôt !

➡ Pourquoi Sophie appelle-t-elle Marie ?

12.

Chers clients, le magasin fermera ses portes dans 10 minutes. Nous vous remercions de bien vouloir vous diriger vers la sortie.

➡ Qu'annonce le magasin ?

13.

– Salut Brigitte ! C'est Michel ! Dis-moi, est-ce qu'on peut se voir demain à 16 heures pour travailler sur le dossier BONO ?
– Ah non, demain je dois partir plus tôt pour aller chercher ma fille à l'école.
– On peut se voir vendredi si tu veux.
– Ok parfait ! À vendredi alors !

➡ Pourquoi les personnes se parlent-elles ?

14.

En raison d'un incident technique, ce train ne prend plus de voyageurs. Pour continuer votre voyage vers Strasbourg, le départ se fait sur le quai en face. Nous vous remercions de votre compréhension.

➡ Qu'annonce ce message ?

15.

C'est parfait Monsieur, mais il manque la photocopie de votre passeport pour compléter le dossier. Il y a une photocopieuse au 1er étage. Je vous attends.

➡ Que doit faire la personne ?

16.

> – Je dois absolument partir tout de suite. L'école vient de m'appeler. Mon fils est malade.
> – Oh, j'espère que ce n'est pas trop grave.
> – Je ne sais pas, il a de la fièvre. Je vais l'emmener chez le médecin ce soir.
> – Bon, ne t'inquiète pas, je m'occupe de tout au bureau.

➡ Que se passe-t-il ?

NIVEAU B1

17.

> Bonjour à tous et bienvenue à cette première réunion parents/professeurs de l'année. Monsieur le directeur, ici présent, vous parlera dans un premier temps du fonctionnement général de l'établissement et du règlement intérieur, puis les professeurs vous présenteront chacun leur tour le programme de l'année, ainsi que leurs méthodes de travail en classe et l'organisation du travail à la maison. N'hésitez pas à poser vos questions à tout moment.

➡ Quel est le but de cette annonce ?

18.

> Bonjour, Madame Grandville de la société TelCom. Nous avons bien reçu votre candidature et souhaiterions vous rencontrer pour un entretien. Pourriez-vous me rappeler afin de convenir d'une date ? Merci beaucoup, au revoir.

➡ Que doit faire la personne qui reçoit ce message ?

19.

> – Excusez-moi, Monsieur, je suis un peu perdu. Est-ce que vous pouvez me dire où se trouve la station de métro la plus proche, s'il vous plaît ?
> – Oui, elle est juste là, au bout de la rue et à gauche !
> – Ah, est-ce qu'il y a un bus d'ici pour aller au musée du Louvre ?
> – Prenez le bus 62, c'est direct et il s'arrête juste devant le musée !
> – Merci !
> – Je vous en prie !

➡ Quel est l'objet de cette conversation ?

20.

Après ces derniers jours assez nuageux sur l'ensemble du pays, il y aura quelques éclaircies aujourd'hui sur la moitié sud. Pour le reste, toujours beaucoup de nuages. Attention les températures seront fraîches aujourd'hui pour la saison. Pour le week-end, préparez les pique-niques ! Le temps s'annonce ensoleillé et chaud. Prochain bulletin météo dans une demi-heure.

➡ Qu'annonce ce journaliste ?

21.

– Service après-vente, bonjour !
– Bonjour Monsieur, je vous appelle parce que j'ai acheté une machine à laver il y a un mois et aujourd'hui elle est en panne. Tout est bloqué ! Est-ce que vous pourriez m'envoyer un technicien rapidement, s'il vous plaît ?
– Ne quittez pas, Madame, je vais voir ce que je peux faire !

➡ Quel est le problème de cette personne ?

22.

Il fêtera son 90e anniversaire dans un mois mais le fondateur de notre revue continue d'apporter sa contribution en tant qu'éditorialiste. Notre série documentaire de cette semaine lui consacre un numéro spécial : Portrait d'un homme de convictions ! Ce soir sur France 5 à 20 h 30.

➡ Quel est le message annoncé ?

23.

– Bonjour, nous voudrions nous inscrire au cours de français la semaine prochaine ?
– Oui, bien sûr, quel cours vous intéresse ?
– Le cours de conversation le mercredi après-midi. Il y a beaucoup d'étudiants déjà inscrits ?
– Non, pour le moment, il y a un groupe de 4 personnes ! C'est très bien pour vous comme ça vous pourrez beaucoup parler !

➡ Que se passe-t-il dans cette situation ?

24.

Mesdames, messieurs, pour cette dernière rencontre de l'année, je tiens tout particulièrement à saluer Monsieur Laplace pour les services rendus à la société Décorama tout au long de sa carrière. C'est avec regret que nous le voyons partir aujourd'hui à la retraite, mais nous lui souhaitons beaucoup de réussite dans ses futures activités !

➡ Pour quelle raison Monsieur Laplace est-il salué par son collègue ?

NIVEAU B2

25.

– Notre invité aujourd'hui Guillaume Dulondel, fondateur du site bienpartirenvacances.fr ! Alors, donnez-nous quelques astuces pour bien choisir notre future location de vacances sur Internet ?

– Eh bien, je ferais une première recommandation très simple : lorsque vous regardez les annonces sur Internet, je conseille de privilégier celles avec des commentaires des précédents locataires. Cela permet toujours d'avoir une meilleure idée ! Ensuite, il est préférable de contacter le propriétaire par téléphone et demander des précisions sur les équipements, les distances, l'environnement pour vous assurer que l'hébergement correspond bien à ce que vous voulez. Enfin, n'oubliez pas de demander l'original de votre contrat de location par courrier !

➡ Sur quoi Guillaume Dulondel intervient-il ?

26.

La cuisine est un élément important de la culture française. Source de convivialité, elle rassemble et est l'occasion de partager un moment de détente et de plaisir. C'est autour de ce type de valeurs que la Journée du Goût, devenue la Semaine du Goût a été créée en 1990 par Jean-Luc Petitrenaud et la Collective du Sucre. C'est avant tout aux enfants qu'était destiné cet événement pédagogique. Mais avec le succès, la Semaine du Goût s'est élargie aux adultes et de nombreux ateliers se sont développés. L'occasion pour des chefs cuisiniers de leur faire découvrir des goûts inédits, et d'éduquer ces futurs consommateurs.

➡ **1.** Quel est l'objectif de la « Semaine du goût » ?

➡ **2.** Qu'explique-t-on sur le développement du concept de la « Semaine du goût » ?

27.

Assister à une émission de télé ou de radio, ça vous tente ? Si certains considèrent encore le public comme une simple machine à applaudir, d'autres, plus confidentielles, sont des véritables bons plans pour qui souhaite découvrir l'envers du décor de la société du spectacle. Au programme : concerts gratuits, débats enflammés et champagne à volonté ! Pour les modalités d'accès et les inscriptions, rendez-vous vite sur notre site www.onenregistre.fr.

➡ Pour quelle raison doit-on aller sur le site onenregistre.fr ?

28.

À l'occasion du dernier Festival du film, l'actrice Jeanne Dumont s'est vu remettre un prix pour l'ensemble de sa carrière. Plongée très tôt dans l'univers du cinéma que lui a fait découvrir son père, Jeanne se passionne pour les arts dramatiques et s'envolera pour New York pour y suivre des études. Après quelques apparitions à la télévision et sur les planches, sa carrière prend forme alors qu'elle n'a que 18 ans lorsque le célèbre réalisateur Jacques Grandville lui propose un rôle. Il y a pire pour commencer sa vie d'artiste ! S'en suivra un succès planétaire qui propulsera la jeune femme au rang de star. Mais Jeanne a par ailleurs su garder tout son naturel et son authenticité pour s'investir dans sa vie de famille. L'actrice, qui s'est essayé dans tous les genres, a su démontrer en plus de trente ans de carrière qu'elle était une comédienne hors paire et qu'elle a soif d'aventures, de renouveau, et d'investissement personnel. Une carrière riche et variée, qu'ont su saluer les grands noms du cinéma !

➡ **1.** Comment l'actrice a-t-elle été mise au contact de l'univers du cinéma ?

➡ **2.** Qu'explique le journaliste sur la carrière de Jeanne Dumont ?

29.

La nouvelle série documentaire *Sur la Terre*, rendez-vous télévisé hebdomadaire des amoureux de la nature et des sciences, nous propose de partir aux quatre coins du monde à la rencontre de ces chercheurs qui travaillent sur le terrain, en quête de nouvelles connaissances. Science et télévision ne font pas forcément bon ménage car les scientifiques ont tendance, en général, à se méfier des raccourcis et des exagérations qu'induit le média audiovisuel. C'est pourquoi les réalisateurs de Sur la Terre ont voulu travailler autrement en allant, très en amont, à la rencontre des scientifiques. Le respect du fond n'exclut pas la recherche d'une forme la plus attractive possible, télé oblige. Et à ce propos, les milieux naturels qui constituent le décor des épisodes permettent de très belles images, de la forêt tropicale gabonaise au lagon de Nouvelle-Calédonie. L'objectif de la série, est de nous montrer un autre visage de la science : résolument vivant, au cœur des enjeux actuels de santé publique, d'environnement et de découverte d'autres cultures.

D'après le site Internet LaRecherche.fr, 22 octobre 2010.

➡ **1.** À qui s'adresse cette émission ?

➡ **2.** Quel est l'objectif de cette nouvelle émission ?

NIVEAU C1

30.

– « Entrez donc », « Nous vous attendions », « Bienvenue »... Voilà ce qu'est le tourisme chez l'habitant. C'est la dernière tendance pour voyager autrement. Plus sympa, moins cher, c'est en train de devenir une vraie mode !

– En effet ! Je pense qu'aujourd'hui dans un monde de plus en plus mondialisé, aux produits un peu stéréotypés, on a envie pendant ses vacances d'une rencontre, parce qu'en fait on est chez quelqu'un toujours différent qui a une histoire, on a envie d'avoir le sentiment de découvrir autrement, avec les bonnes adresses, et pas le piège à touristes et puis de belles maisons, des décorations qui ont une âme et qui sont uniques en fait. On vient y chercher des émotions, des souvenirs, un séjour et pas uniquement une nuit.

D'après France Inter, *Au détour du Monde*, 28 mars 2010.

➡ Comment la personne interviewée conçoit-elle les vacances chez l'habitant ?

31.

> Et maintenant, parlons de ces adolescents qui un jour décident de ne plus manger de viande. Pour la plupart, cette lubie ne dure seulement que quelques jours mais pour d'autres cette décision se transforme en véritable conviction. Alors comment les parents doivent-ils réagir dans cette situation ? Faut-il accepter ou au contraire se fâcher ? Les adolescents peuvent-ils devenir végétariens sans risques pour leur santé ou encore leur croissance ? Car lorsqu'un adolescent décide de devenir végétarien, cela révolutionne le quotidien de tout le monde, surtout celui de la maman pour qui faire les courses peut devenir un vrai casse-tête. Mais attention ce n'est pas parce que votre adolescent veut devenir végétarien qu'il faut le déresponsabiliser sur son alimentation. Bien au contraire. Devenir végétarien c'est manger davantage de légumes, donc il faut les acheter, les éplucher, les préparer. Il faut donc que l'enfant participe.
>
> D'après M6, *100 % MAG*, 23 mars 2010.

➡ Quelle est la conséquence présentée ici lorsqu'un adolescent décide de devenir végétarien ?

32.

> Réalisée auprès des passagers d'avions de ligne, cette récente étude sur les attentes des voyageurs révèle que leur première revendication se porte sur les espaces disponibles pour le confort des jambes. De fait, selon cette enquête, les passagers ont pris l'habitude de choisir les places les plus spacieuses dans les avions. Ainsi, près d'un tiers des voyageurs interrogés demande systématiquement les sièges situés au premier rang ou à proximité des issues de secours. Des places aujourd'hui soumises à des frais supplémentaires sur les vols de bon nombre de compagnies. Politique qui d'ailleurs n'est pas du goût de nombreux voyageurs.
>
> D'après RFI, *Carnet de voyageur*, 17 mars 2010.

➡ **1.** D'après l'étude, sur quoi porte la revendication des passagers ?

➡ **2.** Quelle phrase résume les propos du journaliste ?

33.

– Aujourd'hui, nous sommes avec Serge Tisseron, psychiatre et psychanalyste, qui publie *L'Empathie au cœur du jeu social.* L'empathie est une idée qui fait rarement l'objet d'ouvrages grand public. Comment la définiriez-vous ?

– Dans sa conception classique, elle renvoie à la conception de comprendre le point de vue de l'autre et d'éprouver ses émotions. Mais pour moi, elle implique aussi que je me mette à sa place et j'accepte que l'autre se mette à ma place, ce qui suppose que je lui fais confiance. Et j'accepte qu'il m'éclaire sur des aspects de moi-même que j'ignore.

– Comment vient ce goût des autres ?

– Il se construit dans l'intense proximité corporelle et psychique qui unit le bébé à sa mère. Comme le montrent diverses études sur les sociétés animales, plus cette proximité est forte dans une espèce plus l'empathie est forte entre les congénères. Mais, chez l'homme, le bébé a tellement besoin d'être assisté pour survire qu'il développe le fantasme de contrôler absolument son environnement, et aussi l'angoisse d'être contrôlé par celui dont il est proche – la mère – puis plus tard, par l'autre quel qu'il soit. Voilà les ennemis de l'empathie !

D'après *L'Express*, 29 septembre 2010.

➡ **1.** Selon Serge Tisseron, quelle est une des définitions de l'empathie ?

➡ **2.** Quel paradoxe soulève cette personne au sujet de l'empathie ?

NIVEAU C2

34.

En France, la biologie est la discipline scientifique qui emploie le plus de chercheurs et qui joue un grand rôle pour la recherche et pour l'avenir. Mais qu'a-t-elle de particulier? Philippe Kourilsky, de l'Académie des sciences, a dressé le bilan de l'enseignement de cette discipline dans notre pays. À la lumière de son expérience, il compare avec des systèmes étrangers pour éclairer certains conservatismes français. S'il convient d'annoncer d'emblée que, dans le domaine des sciences de la vie, la France dispose d'atouts incontestables, on peut néanmoins craindre que les défauts structurels du système d'enseignement supérieur ne dissipent nos chances. Il faut faire face à de sérieux problèmes. À commencer par celui du grand nombre de jeunes diplômés qui n'arrivent pas à développer leurs recherches en France et doivent aller s'épanouir ailleurs. Des problèmes de structure aussi. La dichotomie française entre grandes écoles et université est bien connue; si les grandes écoles d'ingénieurs ont introduit la biologie dans leurs enseignements, elle ne figure toujours pas dans les programmes des classes préparatoires. Les sciences de la vie ne sont donc plus l'apanage de l'université. Philippe Kourilsky déplore aussi l'absence de campus, un lieu qui crée du lien entre toutes les disciplines scientifiques et permet de nombreux contacts. De même, il est déçu que le milieu privé ne prenne pas en considération le niveau d'une thèse de doctorat, et que les grands organismes de recherche monopolisent les moyens et les intelligences au détriment de l'université.

D'après le site Internet canalacademie.com

➡ 1. Quelle spécificité cette présentation met-elle en valeur?

➡ 2. Quelle est l'attitude adoptée par les jeunes diplômés?

35.

> C'est une conférence trimestrielle qui fait écho au numéro des *Dossiers de la recherche*, actuellement en kiosque et qui est organisée en partenariat avec le Salon européen de la recherche et de l'innovation et le palais de la Découverte qui nous accueille aujourd'hui. La biodiversité est donc ce soir notre invitée. Il y a une petite dizaine d'années, ce terme appartenait encore au domaine réservé des chercheurs. Le mot « biodiversité » est aujourd'hui connu de tous. Tout le monde a entendu parler des menaces sur le vivant, de l'érosion de la biodiversité. Un mammifère sur quatre, un oiseau sur huit, serait, nous dit-on, en péril et d'après certaines projections, vers 2050 plus un seul poisson ni crustacé ne sera disponible pour la pêche commerciale. Allons-nous réellement vers une sixième grande extinction comme certains l'affirment et si oui, quelle sera son ampleur ? Nous allons aborder ses points avec deux éminents spécialistes.
>
> D'après le site Internet larecherche.fr

➡ **1.** Quel constat est fait sur l'évolution de la biodiversité ?

➡ **2.** Quel thème la conférence va-t-elle développer ?

36.

> Ce serait une grossière erreur que de s'en limiter à la linguistique ou aux sciences du langage parce que ça consisterait à croire qu'une langue c'est simplement un code, une mécanique, des sons qui se mettent ensemble pour faire des mots qui se mettent ensemble pour faire des phrases et qu'il suffit de maîtriser le code pour savoir la parler et s'en servir. Grossière erreur, puisqu'on a passé beaucoup de temps à essayer de comprendre pourquoi la langue c'est aussi une façon d'exister, une façon d'entrer en relation avec les autres, avec le monde, une façon de s'insérer dans des groupes sociaux et donc à quel point il faut prendre en compte tous ces aspects existentiels ou identitaires des pratiques langagières. Dans ces champs de référence, quelques conclusions : la première c'est qu'une langue a deux fonctions principales : une fonction communicative, c'est-à-dire que c'est un système qui permet de transmettre des informations, des messages, et une fonction sociale et identitaire, c'est-à-dire qu'elle permet à l'individu, au groupe humain d'exister, d'entrer en relation, de dire qui il est, qui il n'est pas, ce qui explique qu'il y ait plusieurs langues sur terre et pas une seule.
>
> D'après le site Internet de l'Université de tous les savoirs,
> 19 janvier 2007.

➡ Qu'explique la personne ?

PARTIE 5 – TESTEZ-VOUS !

► *Test n° 1*

COMPRÉHENSION ORALE

NIVEAU A1

1. A. Enchanté de vous connaître !
B. Un instant, ne quittez pas !
C. Après vous, je vous en prie !
D. Je suis désolé, c'est complet !

2. A. Ce n'est pas le moment.
B. Il fait mauvais temps dehors.
C. Il est l'heure de partir.
D. Nous sommes déjà en été.

3. A. Est-ce que tu vas faire tes devoirs ?
B. Est-ce que tu dois ranger ta chambre ?
C. Est-ce que tu peux préparer le dîner ?
D. Est-ce que tu peux mettre la table ?

4. A. Deux places, s'il vous plaît.
B. Je vais prendre cette cravate.
C. C'est très difficile à lire.
D. Il est déjà l'heure de rentrer.

5.

– Je peux vous aider Madame ?
– Ah oui, volontiers. Je suis vraiment chargée ! Il y a tellement de sacs ! Je ne peux pas prendre tout cela toute seule !
– Donnez-moi ça ! Vous allez à quel étage ?
– Au 3e. Merci c'est très gentil à vous.

➡ Pourquoi l'homme propose-t-il d'aider la dame ?

6.

Votre attention, s'il vous plaît : le trafic est interrompu entre les stations La Verrière et Les Champs. En direction de Paris, les départs des trains se font en gare de Saint-Lazare. Merci de votre compréhension.

➡ Qu'indique cette annonce ?

7.

– Martine, avez-vous fini le rapport Durand ? Nous devons l'envoyer à nos clients avant ce soir.
– Oui, bien sûr, je l'ai posé sur votre bureau. Vous ne l'avez pas vu ?
– Ah non, je vais aller vérifier. Merci.

➡ Que va faire l'homme ?

8.

– Allô, Paul ?
– Ah, je suis désolée, je crois que vous vous êtes trompé de numéro. Il n'y a pas de Paul ici.
– Oh, je vous prie de m'excuser.
– Je vous en prie. Au revoir.

➡ Que se passe-t-il ?

9.

– Salut Sophie, c'est Marie !
– Bonjour Marie, tu vas bien ?
– Oui, ça va mais j'étais absente hier au cours de mathématiques. J'ai dû aller chez le médecin parce que j'ai été malade toute la nuit.
– Et tu vas mieux maintenant ?
– Oui, le médecin m'a donné un traitement et ça va beaucoup mieux !

➡ Pourquoi Marie était-elle absente au cours de mathématiques ?

10.

Et maintenant la page culture avec la dernière pièce au théâtre du Panthéon. Une comédie drôle et poétique menée par des acteurs particulièrement talentueux. On regrette cependant une mise en scène peu originale et des costumes démodés. À voir tout de même pour passer un agréable moment de détente.

➡ De quoi parle le journaliste ?

11.

Bonjour Madame Leblond, c'est le plombier pour vous dire que je pourrai passer chez vous samedi à partir de 10 heures pour finir les travaux dans votre salle de bain. Pourriez-vous me rappeler pour me dire si cela vous convient ? Je vous laisse mon numéro de téléphone : 06 85 96 51 75. Merci, au revoir.

➡ Que doit faire Madame Leblond ?

12.

– C'est absolument scandaleux ! Je fais la queue pendant vingt minutes et lorsque j'arrive au guichet on me dit qu'on ne peut pas me répondre parce que c'est l'autre guichet qui s'occupe des demandes de permis de conduire. Tu te rends compte ?
– Ah oui, je comprends, c'est vraiment énervant ! Il m'est arrivé la même chose la dernière fois. C'est franchement inadmissible !

➡ De quoi les personnes se plaignent-elles ?

13.

– Dis-moi Sophie, tu penses que je devrais accepter le poste d'assistante qu'on me propose ?
– Tu sais c'est difficile de te conseiller. Est-ce que tu crois que le travail correspond à tes attentes ?
– Eh bien oui, je crois que je vais pouvoir utiliser l'anglais et l'espagnol et ça c'est très important pour moi !
– Alors je crois que tu devrais accepter !

➡ Sur quoi porte la conversation ?

NIVEAU B2

14.

Aujourd'hui, on va vous parler de « Cuisinez-vous ? », un nouvel atelier de cuisine. Vous vous dites : un atelier de cuisine ? Encore ! Vraiment rien d'original. Et pourtant, si ! Car « Cuisinez-vous ? » n'est pas un atelier de cuisine classique où l'on vous apprend une technique, c'est un atelier de cuisine à emporter ! L'idée est simple : on vous prête la cuisine, on vous propose les recettes, on fait les courses et la vaisselle pour vous, un chef est présent pour vous aider en cas de besoin et vous repartez avec vos créations, plats prêts à cuire ou à congeler et toutes les instructions nécessaires. Formidable, non ?

➡ Quelle est la nouveauté de cet atelier de cuisine ?

15.

Selon une récente étude, 2/3 des Français songent souvent à changer de métier. Leurs souhaits ? Avoir de nouvelles fonctions ou évoluer dans un nouveau secteur d'activité. Les principales motivations évoquées dans cette volonté de changement touchent à l'épanouissement personnel : pour deux tiers des personnes interrogées, on change de métier avant tout pour améliorer sa qualité de vie. Le critère financier ne vient qu'en 2ᵉ position avec 18 % des sondés. Mais si beaucoup rêvent d'évoluer dans leur carrière, peu osent sauter le pas. Pourquoi ? Par manque d'accompagnement et de formation, selon 55 % des sondés. Est ensuite évoquée à 15 % la possible réticence des entreprises à embaucher des personnes d'horizons professionnels différents.

D'après *Femme actuelle*

➡ Quel est le décalage mis en évidence par cette étude ?

16.

– Mathilde Leveneur, merci d'avoir accepté notre invitation. Alors, pour commencer, racontez-nous comment vous êtes devenue violoniste ?
– J'ai toujours été passionnée par la musique. Depuis mon plus jeune âge, j'ai toujours été entourée d'instruments, ma mère était pianiste, mon père violoncelliste. Nous partions souvent en voyages lorsqu'ils étaient en tournée. Toute petite, je voulais moi aussi jouer sur une grande scène. Et puis, mes parents m'ont inscrite au conservatoire. À partir de ce moment-là, je n'ai jamais quitté mon violon. Je l'ai appris avec les plus grands professeurs qui m'ont toujours guidé dans mes choix – et ils le font encore aujourd'hui ! Je leur dois énormément.

➡ Comment Mathilde Leveneur est-elle devenue violoniste ?

17.

Offrez-vous une bouffée d'oxygène ce week-end ! Le beau temps aidant, la Fête des jardins devrait encore connaître un beau succès.
Samedi et dimanche se déroule la treizième édition de la Fête des jardins à Paris. Partout dans la capitale, les 500 parcs et jardins proposeront visites, concerts, jeux, dégustations, ou encore expositions, afin que chacun puisse aller découvrir les espaces verts parisiens. Nouveauté cette année, cinq communes voisines se joignent à l'opération. L'ensemble du programme de la Fête des jardins est disponible sur www.jardins.paris.fr.

➡ De quoi parle le journaliste ?

18.

> Toujours plus loin question innovation… cette fois-ci c'est une entreprise d'optique qui en a eu l'idée : créer des lunettes qui forcent les yeux à cligner. En effet, ces lunettes forcent les yeux fatigués des personnes qui passent leur journée devant leur ordinateur à cligner des yeux et donc à sécréter des larmes. Grâce à un capteur situé dans les lunettes, les verres deviennent opaques si la personne n'a pas cligné des yeux dans les dernières cinq secondes. Ils redeviennent transparents, grâce à des cristaux liquides, une fois que la personne a cligné des yeux. Cette paire de lunettes coûte 300 euros. Rappelons que cligner des yeux permet de les humidifier par les larmes, et d'éviter irritation et fatigue !
>
> D'après le site Internet *Actualitéfrançaise.com*, 2 novembre 2009

➡ En quoi ces lunettes constituent-elles une innovation ?

19.

> Ce nouvel espace de l'aéroport, initialement construit pour accueillir 14 millions de passagers, est aujourd'hui un vaste chantier de plus de quarante hectares, soit l'équivalent de trois terrains de football. Ces travaux devraient ainsi permettre de doubler le nombre de voyageurs par jour et permettre de faire face au flux de trafic passager de plus en plus important. Fini donc les voyageurs qui s'entassent dans ces terminaux vieillissants. La première phase de ce vaste programme d'extension et de modernisation de ce site a été lancée il y a un an déjà et devrait s'achever d'ici deux ans. Malheureusement, ce chantier a été vivement critiqué pour les coûts excessifs que les travaux ont engendrés. Certaines collectivités déplorent en effet le gouffre financier qu'il représente et s'inquiètent de la gestion des fonds consacrés à cette modernisation.
>
> D'après RFI, *Carnet de voyageur*, 22 mars 2010

➡ **1.** Qu'apprend-on au sujet du chantier de l'aéroport mis en place ?

➡ **2.** Sur quoi porte le chantier ?

20.

– Bonjour à tous ! Bienvenue dans votre quotidien de la mer. Vous voulez apprendre à voguer sur un voilier ou tout simplement vous perfectionner : aujourd'hui nous sommes avec Arnaud, stagiaire à l'École des Sports Nautiques. Arnaud, première question : comment différencie-t-on le stagiaire du moniteur dans votre école ?
– Quelqu'un qui est moniteur c'est quelqu'un qui a déjà la vocation de travailler pour l'école, même si c'est du bénévolat. C'est vrai que moi, pour l'instant, même si je connais bien le milieu de la voile, c'est plus un loisir à côté de mon activité professionnelle.
– Ce qui veut dire que quand on est stagiaire on enseigne aussi, on encadre ?
– Non du tout ! Le stagiaire est juste là pour apprendre, Par contre, après, sur un bateau, chacun peut apporter ces compétences, ce qu'il sait et c'est ça aussi qui fait la richesse des stages.

D'après RFI, *Le quotidien de la mer*, 19 février 2009.

➡ **1.** Quel est le rôle de l'École des Sports Nautiques ?

➡ **2.** Comment le rôle du moniteur est-il défini ?

NIVEAU C2

21.

Avant de répondre à notre question « comment concilier discipline et dialogue ? » et discuter des pratiques de terrain, je vais faire un cadrage conceptuel pour définir les idées qui sont en jeu. Une discipline, d'une manière générale, c'est une mise en ordre des comportements à des fins d'organisation et je dirais d'organisation collective. On parle quelque fois de discipline individuelle, quand les gens se disent par exemple, il faut que j'ai plus de discipline dans ma vie, il faut que j'ai une discipline morale, il faut que je me discipline, mais, en règle générale, quand on parle d'une discipline individuelle, c'est en référence à des règles collectives parce que quelqu'un qui se donne une discipline pour lui tout seul, à lui seul, – jusqu'à en arriver à accomplir de manière répétitive une série de gestes, de conduites, reconnus comme irrationnels – a toutes chances d'être pris pour quelqu'un qui a ce qu'on appelle des TOC, des troubles obsessionnels compulsifs.

D'après *L'université de tous les savoirs*.

➡ **1.** Comment la personne définit-elle la discipline ?

➡ **2.** Comment une personne s'imposant une discipline individuelle risque-t-elle d'être perçue ?

22.

> La procrastination, c'est repousser quelque chose et ressentir une réponse émotionnelle qui se traduit par un sentiment de culpabilité ou d'anxiété. En outre, procrastiner implique ressentir ce report comme irrationnel : on sait que le moment pour agir est maintenant et pourtant on fait tout sauf cela. Cette définition est extrêmement intéressante dans la mesure où cela veut tout d'abord dire que ne pas effectuer une action à la date que l'on s'est fixée ne signifie pas forcément procrastiner. Si une autre tâche imprévue mais plus importante et nécessitant une action immédiate se présente à nous, la faire avant l'action initialement prévue est tout simplement logique et normal. Ce que j'en déduis c'est que, dans un tel cas, il est inutile de se reprocher d'avoir remis cette action à plus tard : c'est contre-productif et, surtout, cela pourrait nous pousser à réellement procrastiner par la suite.

➡ **1.** Quel est le point de vue exprimé sur la notion de « procrastination » ?

➡ **2.** Quel acte est considéré comme « logique et normal » par la personne interrogée ?

PARTIE 5 – TESTEZ-VOUS !

► *Test n° 2*

COMPRÉHENSION ORALE

NIVEAU A1

1. – Quand commencez-vous votre nouveau travail ?

A. Jusqu'à la fin.

B. Depuis trois mois.

C. Dans une semaine.

D. La prochaine fois.

2. – Bonjour, nous avons réservé une table pour quatre au nom de Durand.

A. Avec mes remerciements !

B. Bien sûr, suivez-moi !

C. Enchanté de vous connaître !

D. Cela n'est pas grave !

3. – Voulez-vous dîner à la maison ce soir ?

A. Avec plaisir !

B. Ce n'est rien !

C. Je vous en prie !

D. Excusez-moi !

4. – Le matin, tu te lèves tôt ?

A. Dans un quart d'heure.

B. À six heures et demie.

C. Après le petit-déjeuner.

D. En vingt minutes.

5. – Allô, je voudrais parler à Mme Bernard, s'il vous plaît ?

A. Elle va partir en voyage.

B. Elle a préparé son dossier.

C. Elle doit vous inviter à dîner.

D. Elle est absente pour le moment.

NIVEAU A2

6.

– Bonjour, j'ai un entretien avec Madame Prunel.
– Oui, vous pouvez monter. C'est au 1er étage. Quand vous sortez de l'ascenseur, son bureau est sur la droite. Bureau 315.
– Merci, Madame.
– Je vous en prie.

➡ Que se passe-t-il ?

7.

Salut Sophie ! C'est Marie. Je suis désolée. Je ne t'ai pas rappelé hier soir. J'ai fini le travail très tard. Téléphone-moi quand tu as mon message. J'ai plein de choses à te raconter. Bisous !

➡ Que demande Marie à Sophie ?

8.

– Mesdames, Messieurs, bonjour !
– Bonjour, c'est pour déjeuner, s'il vous plaît.
– Bien sûr, vous êtes combien ?
– Nous serons 4. Une autre personne arrive dans 5 minutes.
– Parfait, suivez-moi !

➡ Que font ces personnes ?

9.

- Bonjour Madame, je vous appelle parce que je dois reporter ma réservation. J'ai un empêchement pour partir à la date prévue.
- Pouvez-vous me donner votre numéro de dossier, Monsieur ?
- Oui, c'est le 56AFU89.
- Parfait ! Quand souhaiteriez-vous partir ?
- La semaine prochaine, de préférence en début de journée.
- Je suis désolée, Monsieur, tous nos vols sont complets. Je peux vous proposer uniquement la semaine suivante.
- Ah ça c'est vraiment embêtant. Laissez-moi consulter mon agenda. Je vous rappelle dans cinq minutes.

➡ Que se passe-t-il dans cette situation ?

10.

- Qu'est-ce que tu vas faire le week-end prochain ?
- Je ne suis pas sûre mais j'aimerais aller me promener à Versailles.
- Bonne idée ! Tu sais quel temps il va faire ?
- Je crois qu'il va faire beau.
- Et tu vas y aller avec qui ?
- Avec une amie. Tu veux venir avec nous ? On pourrait faire un pique-nique.
- Malheureusement, je ne peux pas. Je vais passer un examen bientôt et je dois réviser tout le week-end.
- Ah c'est dommage. Une prochaine fois alors ! Bon courage pour les examens !
- Merci, à bientôt.
- À bientôt.

➡ Qu'explique l'amie ?

11.

– Voila docteur, je ne me sens vraiment pas bien. Je crois que j'ai la grippe. J'ai mal à la tête, je tousse, j'ai le nez qui coule.
– Je vois. Je vais vous examiner. Vous avez de la fièvre ?
– Non, je ne pense pas. Je me sens très fatiguée.
– Je comprends mais rassurez-vous, c'est juste un rhume. Rien de grave. Vous allez prendre ces médicaments et vous reposez aujourd'hui. Si ça ne va pas mieux dans deux jours, revenez me voir.
– D'accord. Merci Docteur.

➡ Que se passe-t-il ?

12.

Allô Pierre, c'est Catherine. Écoute, je vais être en retard. Il y a un problème avec le train et nous sommes bloqués sur la voie depuis 10 minutes. Les enfants attendent à l'école. Est-ce que tu peux y aller ? Il faut être là avant quatre heures et demie. Rappelle-moi si ce n'est pas possible. Je demanderai à ma mère. J'espère être rentrée pour le dîner. Merci et à tout de suite.

➡ Que demande Catherine à Pierre ?

NIVEAU B2

13.

Comment suivre correctement l'évolution de la faune et de la flore de notre planète ? Alors que moins de deux millions d'espèces ont été identifiées, et qu'il en existe probablement plus de dix millions, quatre scientifiques lancent un appel. Ils proposent de mettre en place un « baromètre de la vie », en suivant le devenir de plus de 160 000 espèces vivantes sur notre planète. Un index qui permettrait de suivre l'impact des activités humaines et des politiques de protection de la nature. Un travail immense dont le coût serait paradoxalement faible.

D'après *Sciences et Vie*, 9 avril 2010.

➡ **1.** Sur quoi porte l'appel des scientifiques ?

➡ **2.** À quoi sert le « baromètre de la vie » ?

14.

Pas toujours fiables, souvent instrumentalisées, voire carrément manipulées, les enquêtes d'opinion n'ont pas bonne presse. Souvent présentes dans le débat public, notamment en période électorale, elles ont fini par susciter le rejet. Les sondages, c'est comme les horoscopes. On sait bien qu'il ne faut pas trop s'y fier, qu'ils ne relèvent pas de la science exacte, mais, à chaque fois, c'est la même chose : on ne peut s'empêcher de les lire. Où en est la cote du président ? Qui est le meilleur candidat de l'opposition ? Quelle est la popularité du sélectionneur de l'équipe de football ? Difficile d'y échapper. Des sondages, il y en a partout, sur tout, et tout le temps. À l'instar de la météo ou des cours de la Bourse, ils font partie intégrante de notre quotidien.

D'après *Télérama* n° 3139, 12 mars 2010.

➡ Que constate la personne à propos des sondages ?

15.

Améliorez vos compétences en français en dix minutes par jour seulement !
La formation françaisenligne.com propose une approche pédagogique peu traditionnelle !
Puisque la maîtrise d'une langue dépend de la fréquence à laquelle nous la pratiquons, www.françaisenligne.com propose des cours de français personnalisés et scénarisés pour un apprentissage concis, continu et inscrit dans la durée qui vous permettra une meilleure mémorisation qu'une formation standard et intensive.

➡ Quelle est la particularité des cours de français proposés dans cette publicité ?

16.

Chaque année, quelque huit cent mille ordinateurs portables sont perdus dans les aéroports américains et européens. Rien qu'à l'aéroport de Roissy en région parisienne, plus de 700 ordinateurs sont oubliés chaque semaine. Toujours en France et plus largement, le service des objets trouvés de la préfecture de police de Paris recueille quotidiennement entre 700 et 800 objets. Tous ces objets ne sont pas forcément abandonnés par des voyageurs étourdis mais certains le sont et le service objetstrouvés.com que vient de mettre en place Europe Assistance a été spécialement conçu pour eux. Le principe est basé sur un étiquetage personnalisé et codé, grâce auquel l'objet retrouvé peut facilement être restitué à son propriétaire.

D'après RFI, *Carnet de voyageur*, 25 février 2010.

➡ **1.** De quoi la personne rend-elle compte ?

➡ **2.** À qui le service proposé s'adresse-t-il ?

17.

La salle d'un restaurant est disposée de façon à placer le même nombre de tables le long des murs qu'au centre de la pièce. On remarque alors que les individus solitaires choisissent quatre fois plus souvent les tables le long des murs que les autres tables. C'est le contraire chez les personnes en groupe. Celles-ci préfèrent s'asseoir aux tables placées au centre de la pièce. Il est également étonnant de constater un rapport entre le nombre de coup d'œil portés autour de soi et la place occupée : les individus assis seuls au centre de la pièce regardent plus souvent autour d'eux que ceux qui sont assis seuls le long du mur. On ne retrouve pas ces résultats lorsqu'il s'agit d'un groupe. Le nombre de coup d'œil aux tables alentours est le même, que les groupes soient placés, le long du mur ou au centre. L'auteur de l'expérience en tire la conclusion suivante : il s'agirait d'une persistance de réflexes archaïques. L'acte de manger est en effet une activité dangereuse pour de nombreux animaux. Or, le groupe pourrait protéger et sécuriser l'individu lors de cette activité.

D'après *Le Monde*, hors série jeux,
« Connaissez-vous la psychologie ? », 2010.

➡ **1.** Sur quoi l'expérience au restaurant dont il est question porte-t-elle ?

➡ **2.** Quelle est la conclusion de cette expérience au restaurant ?

NIVEAU C2

18.

> – Monique Goyens, bonjour !
> – Bonjour.
> – Vous êtes directrice générale du Bureau européen des Unions de consommateurs. Très concrètement que doit changer cette nouvelle réglementation ?
> – La réglementation européenne, si elle est bien confirmée par le comité du parlement européen, va devoir permettre aux consommateurs d'avoir des informations plus lisibles, des caractères un peu moins petits, des contrastes un peu plus clairs pour pouvoir lire effectivement, convenablement les informations nutritionnelles sur les emballages alimentaires. C'est très important pour les consommateurs.
> – Donc il n'y aura pas forcément plus d'informations, mais des informations plus claires et plus compréhensibles par tout le monde.
> – C'est ça, car le consommateur n'a pas toujours beaucoup de temps quand il fait ses courses, donc il faut que les informations dont il a besoin pour s'alimenter de manière saine puissent être facilement accessibles et décodables par lui.
>
> D'après RFI, *Allô Bruxelles*, 16 mars 2010.

➡ **1.** Quel est l'objectif de la nouvelle réglementation ?

➡ **2.** Pourquoi cette nouvelle réglementation est-elle importante pour le consommateur ?

19.

– Comment avez-vous découvert le roman *Deux jours à tuer* dont le film est l'adaptation ?
– C'est une amie qui m'a donné ce livre à lire. À l'époque, j'étais en Écosse… Je l'ai commencé et je ne l'ai plus quitté. J'ai tout de suite été intrigué, déstabilisé même, par le comportement de cet homme qui le temps d'un week-end envoie tout promener, démolit tout ce qu'il a construit de sa vie personnelle, professionnelle… Au début du roman, on ne comprend pas ce qui se passe, on ne voit pas les raisons pour lesquelles Antoine agit de façon aussi incompréhensible. Cette histoire me plaisait, d'autant plus qu'il y avait une véritable explication au comportement d'Antoine… Une raison crédible révélée à la fin du roman.

➡ **1.** Par quoi la personne interviewée a-t-elle été attirée dans le roman ?

➡ **2.** Que fait le héros du roman ?

Corrigés

PARTIE 3 – EXERCICES D'ENTRAÎNEMENT

► *Épreuves obligatoires*

COMPRÉHENSION ORALE

NIVEAU A1

Section I

1. A **2.** B **3.** A **4.** A **5.** C **6.** A

Section II

7. D **8.** B **9.** A **10.** A

NIVEAU A2

11. C **12.** A **13.** B **14.** A **15.** A **16.** A

NIVEAU B1

17. C **18.** B **19.** D **20.** B **21.** C **22.** C **23.** D **24.** B

NIVEAU B2

25. B **26.** **1.** C **2.**D **27.** C **28.** **1.**A **2.**C **29.** **1.**D **2.**B

NIVEAU C1

30. A **31.** A **32.** **1.**B **2.**A **33.** **1.**D **2.**A

NIVEAU C2

34. **1.**A **2.**A **35.** **1.**D **2.**C **36.** C

STRUCTURE DE LA LANGUE

NIVEAU A1

37. C **38.** A **39.** C **40.** A **41.** D **42.** D **43.** B

NIVEAU A2

44. C **45.** A **46.** B **47.** B **48.** C **49.** D **50.** B

NIVEAU B1

51. B **52.** C **53.** A **54.** D **55.** B **56.** B **57.** D **58.** C

NIVEAU B2

59. A **60.** C **61.** A **62.** C **63.** D **64.** D **65.** B **66.** C

NIVEAU C1

67. B **68.** B **69.** C **70.** A **71.** A **72.** C **73.** A **74.** A

NIVEAU C2

75. C **76.** B **77.** A **78.** B **79.** B **80.** D **81.** D

COMPRÉHENSION ÉCRITE

NIVEAU A1

82. C **83.** D **84.** C **85.** A **86.** B **87.** C **88.** B

NIVEAU A2

89. B **90.** A **91.** B **92.** A **93.** D **94.** C **95.** D **96.** B

NIVEAU B1

97. B **98.** B **99.** C **100.** B **101.** A **102.** D **103.** C **104.** A

NIVEAU B2

105. A **106.** B **107.** D **108.** C **109.** C

NIVEAU C1

110. **1.**C **2.**A **111.** **1.**B **2.**B **112.** **1.**C **2.**A **113.** **1.**C **2.**A

NIVEAU C2

114. **1.**C **2.**A **115.** **1.**D **2.**C **116.** **1.**C **2.**D **117.** **1.**B **2.**C

PARTIE 3 – EXERCICES D'ENTRAÎNEMENT
► *Épreuves facultatives*

EXPRESSION ÉCRITE

NIVEAU A1

Proposition

Cher Paul,

Merci de t'occuper de la maison pendant mes vacances.

Est-ce que tu peux prendre le courrier tous les jours ? Les clés de la boîte aux lettres sont sur la table de la cuisine.

Il faut aussi arroser les plantes dans le salon deux fois par semaine. Ne mets pas beaucoup d'eau !

Je te remercie.

À bientôt,

Christine

NIVEAU A2

Proposition

Salut,

C'est mon anniversaire samedi prochain et je vais organiser une fête pour mes 35 ans. Je vous propose de nous retrouver chez moi à 19 heures pour l'apéritif. Après, on pourra aller dîner tous ensemble au restaurant Le Bon Repas ! C'est juste à côté de la maison. Est-ce que vous êtes disponibles ? J'espère que vous pourrez venir.

J'attends votre réponse.

Bises,

Caroline

NIVEAU B1

Proposition

Chère Véronique,

Je suis rentré de France hier. J'ai passé une très bonne semaine à l'école. Les cours étaient très intéressants et les professeurs vraiment sympas. J'ai fait des progrès en français. Il y avait six étudiants dans ma classe. Mais j'ai beaucoup étudié parce que nous avions beaucoup de devoirs à faire le soir. Malheureusement, je n'ai pas eu le temps de bien visiter la ville mais j'ai rencontré des gens du monde entier.

L'année prochaine, tu viens avec moi.

À très bientôt pour te montrer les photos.

Je t'embrasse.

Antoine

NIVEAU B2

Quelques idées

La vie en ville :

- avantages : emplois, sorties culturelles (musées, cinémas, théâtres...), animations...
- inconvénients : beaucoup de stress, difficulté pour se déplacer, embouteillages, bruit, pollution, peu d'espaces verts, de parcs... les prix sont plus élevés (loyers, eau...), concentration de gens, les gens sont plus individualistes, chacun pour soi...

La vie à la campagne :

- avantages : plus calme, plus d'espace pour vivre, proximité avec la nature, les prix sont plus abordables...
- inconvénients : un certain isolement, sentiment d'être loin de tout, plus de difficulté pour se déplacer, pas de transports en commun...

Les + :

Vous pouvez parler de votre propre expérience.

En conclusion, vous pouvez nuancer en expliquant par exemple que tout dépend des préférences de chacun ou tout simplement des hasards de la vie (on se trouve dans tel ou tel endroit à cause de circonstances professionnelles, familiales...)

NIVEAU C1

Quelques idées

- **pour** : l'interdiction des voitures en ville permettrait de limiter la pollution, le bruit, les embouteillages dans une perspective de protection de l'environnement. Les gens seraient moins sédentaires car ils seraient obligés de faire plus d'exercice physique (marche à pied, vélo) pour se déplacer.

  Cette mesure permettrait également de limiter les accidents.

Enfin, cette interdiction aurait un impact économique pour les usagers qui consommeraient moins d'essence.

- **contre** : L'application d'une telle interdiction exclurait une partie la population (personnes âgées, personnes à mobilité réduite par exemple)
- **nuances** : je suis pour si les transports en commun sont bien organisés, suffisamment étendus et efficaces pour pouvoir se déplacer sans difficultés. Néanmoins les bénéfices sur la santé, l'économie ne seront peut-être pas aussi importants que ce que l'on pourrait espérer par rapport aux contraintes que cette interdiction imposerait aux gens.
- **solutions** : cette mesure pourrait être mise en place certains jours uniquement. Plus que l'interdiction, peut-être faudrait-il davantage encourager le covoiturage afin de limiter au quotidien les inconvénients liés à l'utilisation de la voiture.
- **votre expérience** : le système fonctionne bien/mal parce que...

NIVEAU C2

Proposition de compte rendu

L'article explique que les « enfants surdoués » ne sont pas obligatoirement dotés d'une intelligence supérieure à d'autres enfants en terme quantitatif, mais que leur intelligence s'explique davantage par le fait qu'ils possèdent une manière de penser et raisonner différente. Ces compétences peuvent leur porter préjudice car elles ne correspondent pas au schéma classique défini par la société ou l'école par exemple. Il convient donc de ne pas placer ces enfants au-dessus des autres, mais plutôt d'être capable de les détecter au plus tôt, afin qu'ils ne souffrent pas de difficultés et d'inadaptation tant d'un point de vue scolaire que social.

EXPRESSION ORALE

NIVEAU A1

Vous pourrez traiter le sujet en allant du plus général au plus précis.

Vous pouvez parler :

- de la situation géographique et de la taille (grande/petite ville, capitale, village…)
- des choses à voir ou à faire (c'est une ville animée/triste… il y a/il n'y a pas beaucoup de choses à faire/à voir, la ville est célèbre pour…)
- plus précisément de votre logement et sa situation : j'habite une maison/un appartement dans le centre-ville, près des magasins…

Vous pouvez terminer en expliquant si vous aimez/n'aimez pas habiter dans cet endroit.

Proposition

J'habite à Strasbourg dans le nord-est de la France. C'est une grande ville située à la frontière avec l'Allemagne. Elle est célèbre pour sa cathédrale. J'aime habiter cette ville parce qu'il y a toujours des activités.

NIVEAU A2

Vous pourrez parler de ce que vous avez fait :

– Pendant la journée (travail, études, à la maison...)

– Les soirs de la semaine (activités sportives, sorties...)

– Le week-end

Proposition

La semaine dernière, j'ai beaucoup travaillé. J'ai eu des réunions tous les jours et j'ai terminé très tard. Mercredi, je suis sorti(e) avec des amis. Nous avons été voir un film au cinéma. J'ai bien aimé! Le week-end, je me suis reposé(e). Je suis allé(e) rendre visite à ma famille qui habite à la campagne. Samedi, nous avons déjeuné dans le jardin et dimanche nous sommes allés à la pêche.

NIVEAU B1

Vous pourrez traiter le sujet en abordant les projets que vous avez pour :

– votre vie personnelle (par exemple : acheter une maison/un appartement, partir en voyage, partir à l'étranger, faire le tour du monde, faire plus de sport, s'occuper de sa famille, apprendre à faire quelque chose, apprendre une langue...)

– pour votre vie professionnelle (par exemple, finir ses études, obtenir son diplôme, chercher/trouver du travail, changer de travail, gagner plus d'argent...).

Pour cela, vous pourrez vous exprimer en utilisant le futur et quelques expressions pour parler de l'avenir (penser, aller, espérer, compter.../je voudrais + infinitif/avoir l'intention de.../avoir le projet de... + infinitif/ J'aimerais + infinitif/envisager de + infinitif...)

Proposition

L'année prochaine, j'ai décidé d'arrêter de travailler. J'aimerais voyager et faire le tour du monde pour découvrir d'autres cultures. J'envisage de commencer mon voyage par l'Australie et d'aller ensuite en Amérique du Sud. J'ai aussi l'intention de donner des cours de français pour gagner un peu d'argent. Quand je rentrerai, je chercherai un autre travail.

NIVEAU B2

Vous pouvez commencer en expliquant votre position : vous regardez beaucoup/pas du tout/un peu la télévision... et en précisant quels types de programmes vous regardez : documentaires, journal télévisé, séries, films...

Vous pouvez ensuite expliquer à quoi est due cette situation :

– je regarde beaucoup la télévision car cela permet de faire passer le temps, crée une animation dans la maison, instaure une forme de compagnie parce que j'habite seul...
– je ne regarde pas du tout car il n'y a pas de programmes intéressants, je n'ai pas le temps. Je n'aime pas le sentiment de passivité (être assis devant la télévision entraîne une certaine passivité physique et intellectuelle)
– je regarde la télévision de temps en temps car malgré la pertinence ou non des programmes, c'est une forme d'ouverture sur le monde, un contact avec la réalité. J'essaie de regarder la télévision avec un esprit critique.

NIVEAU C1

Quelle que soit votre opinion vous devez justifier votre réponse en donnant des exemples :

– Votre vie professionnelle occupe une place plus importante à vos yeux parce qu'il est primordial de bien gagner sa vie/parce que votre travail vous apporte une satisfaction personnelle...

– Vous accordez plus d'importance à votre vie privée parce que la famille, les amis, le temps libre... sont pour vous source de bien-être, d'équilibre.

– Vous pouvez aussi nuancer vos propos en expliquant que vous avez besoin d'un équilibre entre vie professionnelle et privée. Une vie privée épanouie fait que vous êtes plus productif au travail par exemple.

NIVEAU C2

Quelle que soit votre opinion vous devez justifier votre réponse en donnant des exemples :

– Je pense en effet qu'il est nécessaire de faire des études et d'avoir beaucoup de diplômes pour réussir professionnellement car pour être embauché à des postes de haut niveau, les entreprises demandent un certain nombre de qualifications académiques. Les diplômes ouvrent donc plus facilement les portes. Vous pouvez nuancer en précisant qu'il faut également regarder dans quel domaine le diplôme a été obtenu. Peut-être ne s'agit-il pas d'avoir beaucoup de diplômes, mais le bon diplôme, celui qui correspond à un métier, qui a des débouchés professionnels.

– Vous pouvez vous opposer à cette idée en expliquant que l'expérience professionnelle reste la plus importante. Vous pouvez démontrer que l'on apprend parfois beaucoup plus directement sur le terrain que sur les bancs de l'université. Vous pouvez également donner des exemples de personnes ayant réussi leur vie professionnelle sans qualification académique.

– Vous pouvez nuancer en expliquant que le plus important est peut-être d'avoir un profil qui allie une solide expérience académique avec une expérience professionnelle riche.

PARTIE 5 – TESTEZ-VOUS !

▶ *Test n° 1 : Épreuves obligatoires*

COMPRÉHENSION ORALE

NIVEAU A1

1. A **2.** C **3.** D **4.** B

NIVEAU A2

5. B **6.** B **7.** A **8.** C

NIVEAU B1

9. B **10.** A **11.** D **12.** A **13.** B

NIVEAU B2

14. D **15.** B **16.** C **17.** D

NIVEAU C1

18. C **19.** 1.B 2.A **20.** 1.A 2.D

NIVEAU C2

21. 1.C 2.A **22.** 1.B 2.C

STRUCTURE DE LA LANGUE

NIVEAU A1

23. B **24.** A **25.** D **26.** D

NIVEAU A2

27. B **28.** A **29.** D

NIVEAU B1

30. B **31.** B **32.** D

NIVEAU B2

33. C **34.** D **35.** B **36.** A

NIVEAU C1

37. A **38.** A **39.** B

NIVEAU C2

40. D **41.** A **42.** B

COMPRÉHENSION ÉCRITE

NIVEAU A1

43. C **44.** D **45.** B **46.** B **47.** C

NIVEAU A2

48. A **49.** C **50.** B **51.** C

NIVEAU B1

52. B **53.** B **54.** C **55.** D **56.** C

NIVEAU A2

57. C **58.** B **59.** A **60.** B

NIVEAU C1

61. **1.**D **2.**C **62.** **1.**B **2.**A **63.** C

NIVEAU C2

64. **1.**B **2.**A **65.** **1.**B **2.**D **66.** **1.**A **2.**B

PARTIE 5 – TESTEZ-VOUS !

► *Test n° 1 : Épreuves facultatives*

EXPRESSION ÉCRITE

NIVEAU A1

Proposition

Bonjour,

Je m'appelle David Smith. Je suis australien et j'habite à Sydney. J'ai 28 ans et je suis célibataire. J'étudie le français à l'université. Je fais des études pour devenir ingénieur. Je suis très sportif. Je joue au rugby deux fois par semaine – je fais partie d'une équipe – et je fais un jogging tous les matins. J'aime aussi aller au cinéma avec mes amis.

J'espère vous rencontrer bientôt.

David

NIVEAU A2

Proposition

Bonjour Laurent,

Je te remercie pour ton invitation. Malheureusement, je ne vais pas pouvoir venir dîner mercredi parce que nous avons déjà acheté des tickets pour aller à un concert. Je suis vraiment désolé mais j'espère que nous pourrons nous voir à un autre moment. Est-ce que tu es disponible le week-end prochain ? On peut se voir à la maison si tu veux.

À bientôt,

Hélène

NIVEAU B1

Vous pourrez exprimer vos préférences sur différents critères de choix :

– la formule du séjour (partir à l'aventure, en voyage organisé, en vacances avec la famille)
– le prix du séjour
– le lieu (à l'étranger, dans une grande ville, à la campagne, au calme, région touristique/peu touristique)
– le climat (ensoleillé, neige)
– les activités proposées (sport, relaxation, visites, découvertes vacances culturelles)
– les personnes (avec sa famille, avec des amis, seul, en groupe)

Proposition

> Personnellement, je préfère partir en vacances à la plage pour me reposer avec la famille parce que j'aime bien la chaleur et le soleil. En général, je choisis de louer un appartement pour pouvoir être indépendant. Je n'aime pas trop les hôtels parce qu'il y a des contraintes d'horaires pour le petit-déjeuner, par exemple. Je déteste les voyages organisés parce qu'il faut suivre un programme et le rythme du groupe. Pour moi, les vacances signifient indépendance, repos et relaxation.

NIVEAU B2

Quelques idées :

– **les avantages** : voir un film en version originale permet par exemple de progresser dans une langue étrangère d'une manière ludique, de mieux comprendre le jeu de l'acteur… Vous pouvez aussi nuancer en regrettant que les cinémas ne proposent pas toujours les films en version originale.
– **les inconvénients** : vous pouvez regretter que les films en version doublée ne sont pas toujours bien traduits. La traduction n'est pas toujours bien synchronisée, le doublage n'est pas toujours naturel… Lire les sous-titres et regarder le film demandent un double effort de la part du spectateur.

NIVEAU C1

Quelle que soit votre opinion vous devez justifier votre réponse en donnant des exemples :

- Vous êtes d'accord avec le fait que l'accès à la culture doit être payant car on peut considérer que cet argent permet de rémunérer et faire vivre l'ensemble d'individus qui travaillent dans la culture.
- Néanmoins, un accès gratuit à la culture permettrait d'en faire bénéficier au plus grand nombre, notamment les plus défavorisés. Dans ce sens, l'accès gratuit à la culture serait donc un facteur d'unité et d'égalité.
- Vous pouvez nuancer en expliquant que l'accès à la culture n'est ni une marchandise, ni un privilège.
- En conclusion, vous pourrez préciser qu'il serait souhaitable de préserver la culture, d'éviter de la brader en l'offrant gratuitement. Toutefois, pour ne pas créer un fossé entre les populations favorisées/défavorisées, il conviendrait d'instaurer un système égalitaire : une solution pourrait être d'instaurer par exemple des tarifs proportionnels aux revenus.

NIVEAU C2

Proposition de compte rendu

Le texte traite des changements qui se sont opérés dans l'utilisation d'Internet et plus particulièrement des conséquences de l'utilisation des réseaux sociaux et l'attitude adoptée par les entreprises vis-à-vis de ce phénomène. En effet, l'utilisation de ces liens en ligne a largement dépassé les échanges amicaux pour s'étendre à des emplois davantage centrés sur des thèmes professionnels ou politiques. Face à des salariés qui estiment pouvoir user librement des réseaux sociaux sur leur lieu de travail, les directions d'entreprise se montrent méfiantes quant aux conséquences sur la productivité, la renommée de l'entreprise et la protection des données informatiques. Il leur revient donc de devoir définir leur position entre indifférence, tolérance et sanction.

EXPRESSION ORALE

NIVEAU A1

Vous commencerez par préciser quelle personne vous allez décrire (ami, parent, collègue...).

Vous pouvez ensuite décrire du plus général au plus précis :

- l'apparence physique (grand/petit, maigre/gros, les cheveux bruns/blonds/roux/gris/longs/courts/bouclés, les yeux bleus/verts/marrons...)
- le caractère, la personnalité (gentil/méchant, sympathique, calme/nerveux, dynamique, paresseux, travailleur...)
- l'âge
- la taille
- le style vestimentaire

Proposition

> Je vais décrire mon meilleur ami. Je le connais depuis l'enfance. Il s'appelle Pierre et a 34 ans. Il est grand – il mesure environ 1 m 80 – et mince. Il a les cheveux blonds, les yeux bleus et la peau claire. Il porte des lunettes et s'habille souvent avec un costume. Il est très élégant. C'est quelqu'un d'intelligent et gentil mais il n'est pas toujours calme.

NIVEAU A2

Vous pouvez commencer en expliquant si vous avez beaucoup ou peu de temps libre et pourquoi.

Indiquez ensuite :

- vos activités (lire, faire du sport, aller au cinéma, sortir avec des amis, visiter ma famille, voyager, jouer du piano/violon..., faire/écouter de la musique)
- vos préférences
- la fréquence de vos loisirs

Proposition

Je n'ai pas beaucoup de temps libre car je travaille beaucoup et je dois aussi m'occuper de ma famille. Mais pour rester en forme, je vais à la piscine deux fois par semaine. J'aime bien nager ! Quand j'ai le temps, j'aime bien lire et voir des films.

NIVEAU B1

Proposition

Quand j'avais 25 ans, j'ai couru un marathon. Je me suis entraîné tous les jours pendant plusieurs mois avant la compétition. J'étais un peu inquiet au début, mais en même temps très motivé pour arriver jusqu'au bout. J'ai réussi à terminer la course. C'était très dur mentalement et physiquement mais quand j'ai franchi la ligne d'arrivée, j'étais très content et soulagé.

Maintenant c'est un très bon souvenir !

NIVEAU B2

Quelle que soit votre opinion vous devez justifier votre réponse en donnant des exemples.

Vous pourrez commencer en expliquant dans un premier temps qu'il est incontestable que plus on commence tôt à apprendre une langue étrangère, plus notre cerveau est réceptif et capable de comprendre le fonctionnement de la langue. Cependant, vous pourrez préciser qu'il ne s'agit pas tant du propre du langage mais plutôt des capacités inhérentes à l'enfant dont les capacités cognitives sont beaucoup plus flexibles que celles d'un adulte qui ont déjà atteint certaines limites. Il est néanmoins souhaitable d'appréhender la langue de manière ludique.

Toutefois, cela n'exclut pas qu'un adulte puisse apprendre facilement une nouvelle langue, car il possède d'autres atouts non négligeables, tels que la maturité et la motivation. Or, l'envie est un élément important dans l'apprentissage d'une langue.

Vous pourrez conclure en élargissant le débat et en précisant que l'apprentissage des langues peut constituer un loisir agréable tout au long de la vie et peut être bénéfique tant d'un point de vue du développement personnel que d'un point de vue de nouvelles opportunités professionnelles.

NIVEAU C1

Vous pourrez répondre positivement à la question en expliquant qu'il est important de conserver le patrimoine national (culturel, social, linguistique...) car c'est un élément important pour comprendre le passé. Il permet par exemple d'explorer les différents modes de vie passés. Il est donc nécessaire de ne pas effacer le passé pour comprendre d'où nous venons et de pouvoir assurer la continuité.

Néanmoins, il convient de définir la proportion de l'importance de cette conservation de ce patrimoine. En effet, la restauration de monuments, par exemple, peut coûter très chère.

Vous pourrez illustrer vos propos en donnant des exemples de monuments ou sites protégés dans votre pays ou dans des pays que vous connaissez et les actions qui ont été menées pour leur sauvegarde.

NIVEAU C2

Vous pouvez commencer en donnant une opinion positive. Vous pourrez la justifier par le fait, par exemple, qu'il est évident que l'accélération de la transmission d'informations est un progrès pour l'homme et pour la société. Ces progrès permettent de véhiculer des messages de manière massive et rapide. L'ouverture sur le monde est donc accrue.

Mais, paradoxalement, les gens sont de plus en plus fermés sur eux-mêmes, de plus en plus individualistes. Les gestes simples de communication se perdent (se dire bonjour par exemple). La communication ne se fait plus que par un échange de message et non une conversation de vive voix, plus humaine. On peut regretter également que l'homme devienne dépendant de la technologie (on ne se sait plus lire un plan pour se repérer, il suffit juste de cliquer sur un bouton de son téléphone portable pour connaître sa situation et de se laisser guider).

PARTIE 5 – TESTEZ-VOUS !

► *Test n° 2 : Épreuves obligatoires*

COMPRÉHENSION ORALE

NIVEAU A1

1. C **2.** B **3.** A **4.** B **5.** D

NIVEAU A2

6. D **7.** A **8.** B

NIVEAU B1

9. C **10.** D **11.** D **12.** B

NIVEAU B2

13. **1.**C **2.**D **14.** B **15.** D

NIVEAU C1

16. **1.**A **2.**C **17.** **1.**A **2.**C

NIVEAU C2

18. **1.**A **2.**B **19.** **1.**B **2.**D

STRUCTURE DE LA LANGUE

NIVEAU A1

20. A **21.** C **22.** C **23.** B

NIVEAU A2

24. D **25.** B **26.** C

NIVEAU B1

27. D **28.** A **29.** A

NIVEAU B2

30. D **31.** A **32.** C

NIVEAU C1

33. C **34.** A

NIVEAU C2

35. C **36.** C

COMPRÉHENSION ÉCRITE

NIVEAU A1

37. C **38.** B **39.** B **40.** A

NIVEAU A2

41. A **42.** C **43.** B **44.** A

NIVEAU B1

45. B **46.** D **47.** C **48.** D **49.** A

NIVEAU B2

50. B **51.** D **52.** **1.**B **2.**A

NIVEAU C1

53. C **54.** **1.**C **2.**C **55.** **1.**B **2.**A

NIVEAU C2

56. **1.**C **2.**D **57.** **1.**B **2.**C

PARTIE 5 – TESTEZ-VOUS !

► *Test n° 2 : Épreuves facultatives*

EXPRESSION ÉCRITE

NIVEAU A1

Proposition

Cher Alexandre,

J'ai passé d'excellentes vacances au bord de la mer. Il a fait très beau et j'ai bien profité de la plage. Je me suis baignée tous les jours. J'ai aussi visité le centre de la ville et j'ai mangé au restaurant.

Je te montre les photos à mon retour.

À bientôt,

Catherine

NIVEAU A2

Proposition

Bonjour,

Je voudrais m'inscrire à un cours de français. Je suis débutant. Je suis intéressé par le cours de conversation le lundi et mercredi soir. Pouvez-vous me donner les informations suivantes :

– Est-ce que je peux commencer le cours la semaine prochaine ?

– Qu'est-ce que je dois faire pour m'inscrire ?

– Est-ce que je peux payer par chèque ?

Je vous remercie de ces informations.

David Fernandez

NIVEAU B1

Vous pourrez parler d'une rencontre amicale, amoureuse, professionnelle que vous avez faite et qui a beaucoup compté dans votre vie.

Vous utiliserez des verbes au passé (passé composé/imparfait).

Vous pourrez préciser l'époque à laquelle se situe cette rencontre (que faisiez-vous à cette époque-là ?, le lieu de la rencontre et décrire les émotions ressenties (joie, tristesse, surprise, humour...).

Proposition

> La rencontre la plus importante de ma vie a été celle avec mon mari !
>
> J'avais 20 ans et nous étions ensemble à l'université. Nous nous voyions tous les jours pendant les cours mais n'osions pas nous parler. Puis un jour, il est venu vers moi pour me demander si je pouvais lui prêter mes notes de cours. Ensuite, nous avons commencé à parler et il m'a invité à prendre un café et depuis nous ne nous sommes plus quittés !

NIVEAU B2

Vous pourrez mettre en avant les avantages et inconvénients de l'ouverture des magasins le dimanche : par exemple, cette mesure laisse plus de flexibilité aux personnes qui travaillent toute la semaine pour faire leurs courses. Cela permet d'avoir moins de gens dans les magasins que les autres jours.

Cela permet également de créer des emplois (par exemple pour les étudiants qui veulent gagner un peu d'argent). En revanche, il est vrai qu'il doit être plus compliqué de gérer une vie de famille si le père ou la mère travaille le dimanche. Pour certaines personnes, le dimanche est réservé au repos, à la famille...

Vous pourrez conclure en expliquant comment cela se passe dans votre pays.

NIVEAU C1

Vous pourrez dire, dans un premier temps, que l'évolution d'une langue est toujours faite d'interactions avec les langues étrangères et qu'il est donc normal qu'une langue évolue en empruntant des termes à d'autres langues. Vous pourrez préciser que cet emprunt peut être une richesse lorsqu'il vient agrandir le vocabulaire d'une langue.

Vous pourrez vous opposer à cette idée en expliquant que cela peut être un « danger » lorsque les mots d'origine étrangère viennent se substituer à des mots déjà existants.

Vous pourrez conclure en expliquant que l'évolution d'une langue est nécessaire, mais qu'une utilisation abusive des termes étrangers peut être nuisible.

Vous pourrez donner des exemples d'emprunts dans votre propre langue pour illustrer vos propos.

NIVEAU C2

Proposition de compte rendu

Être heureux relève certes d'un état d'esprit, mais est aussi le résultat d'un travail sur soi. De même que l'on apprend, par exemple, à rouler à bicyclette, le bonheur est le fruit d'un apprentissage. Ceci est illustré à travers l'exemple de cet Anglais, auteur d'un ouvrage intitulé *Le secret de l'optimiste*. Ayant connu un passage à vide au cours de sa vie suite à la faillite de son entreprise, il décide d'essayer de percer les secrets des personnes qui s'affirmaient heureuses. La conclusion de ces entretiens est que le bonheur est dans tous les instants. Il suffit de savoir le reconnaître et l'apprécier. Or, malgré le confort offert par la société actuelle (par exemple, le chauffage dans les maisons, les moyens de communications, le niveau de santé...), les gens ne cessent de se plaindre comme l'indiquent les sondages. L'auteur du texte s'interroge donc sur la nécessité de renouveler cet apprentissage car le bonheur est un élément nécessaire à la pérennité de l'espèce humaine.

EXPRESSION ORALE

NIVEAU A1

Quelques idées :

– Le matin, à quelle heure vous levez-vous ?

– Que faites-vous ensuite ? (prendre le petit-déjeuner, se doucher, s'habiller…)

– À quelle heure partez-vous de chez vous ? (je pars à…)

– Comment allez-vous au travail, à l'école ? (à pied, en bus, en métro, en voiture…)

– Que faites-vous au travail, à l'école ? (j'ai cours de … à … heures, je vérifie mes messages, j'ai des réunions/rendez-vous…)

– Que faites-vous à l'heure du déjeuner ? (je mange rapidement, je déjeune avec mes collègues…)

– L'après-midi, quelles sont vos activités ? (je reprends le travail à … heures, j'ai cours jusqu'à … heures…, je quitte le travail à … heures…)

– Le soir, à quelle heure arrivez-vous chez vous ? (je rentre à la maison à… heures…)

– Comment se passe la soirée ? (je prépare le dîner, je sors avec des amis, je m'occupe des enfants, je fais mes devoirs…)

NIVEAU A2

Quelques idées :

J'apprends le français :

– pour les études : je vais étudier pendant 1 an dans un pays francophone et les cours vont être en français…

– pour le travail : j'ai beaucoup de clients en France. Je dois écrire des messages en français, parler français pendant des réunions…

– parce que je vais m'installer dans un pays francophone : je vais devoir faire des démarches administratives, faire des courses…

NIVEAU B1

Proposition

À sa place, je ferais un séjour linguistique en France et je m'inscrirais à un cours. Pour faire des progrès rapidement, je conseillerais de pratiquer beaucoup en parlant le plus possible (dans les magasins, avec des amis…). Je suggère aussi de lire les journaux et magazines, écouter la radio, aller au cinéma. Il vaudrait mieux essayer de ne pas utiliser le dictionnaire.

NIVEAU B2

Vous pouvez commencer en disant que les réponses sur ce sujet peuvent être différentes selon les classes sociales et le rapport que chacun entretient avec l'argent. Par exemple, pour quelqu'un dans une situation de pauvreté, une somme d'argent (grande ou petite) peut signifier l'accès à un certain type de bonheur. Vous pouvez expliquer ensuite que d'une manière générale, l'argent ne crée pas le bonheur mais l'alimente – pour pouvoir vous offrir des choses qui vous font plaisir, l'argent est nécessaire et que ce sont d'autres choses plus fondamentales qui rendent heureux (par exemple, avoir une famille, être épanoui dans son travail, avoir des amis proches, être en bonne santé…). L'argent n'est donc pas la seule chose qui rende heureux mais peut y contribuer.

Vous pouvez aussi préciser que l'argent peut dans certains cas être source d'ennuis (dettes, etc.). Vous pouvez conclure en disant que l'argent est responsable indirectement d'une forme de bonheur, à condition de ne pas en abuser !

NIVEAU C1

Vous pouvez commencer par expliquer si vous vous intéressez ou non à tel ou tel type d'événements sportifs (coupe du monde de football, rugby ou autre sport, jeux olympiques…).

Vous justifierez ensuite votre position : par exemple, vous suivez assidûment toutes les compétitions sportives car vous aimez l'état d'esprit qui règne lors de ces événements. Au contraire, ce type de manifestation ne vous intéresse pas du tout car vous n'aimez pas le sport.

Vous pourrez vous montrer en faveur de l'organisation de grands événements sportifs car cela implique par exemple des retombées économiques (développement de l'hôtellerie, du tourisme...) pour le pays organisateur ou permet à tout un peuple de s'unir autour d'un même événement et de partager plus qu'en temps normal des valeurs communes, de promouvoir le sport parmi la jeunesse. Au contraire, vous pouvez vous montrer sceptique sur l'intérêt économique – par exemple, le pays organisateur doit par la suite payer ses dettes pendant des années – ou expliquer que ce genre d'événement entraîne des nuisances (bruit, pollution...) pour les habitants.

En conclusion, vous pourrez expliquer que pour ou contre, ce genre d'événements existe depuis toujours (vous pouvez citer en exemple les jeux dans l'Antiquité romaine ou grecque).

NIVEAU C2

Vous pouvez commencer en répondant de manière affirmative et en expliquant que le rôle des médias (TV, journaux, Internet...) est avant tout d'informer, de présenter la vérité de ce qui se passe dans le monde et doit donc pour cela véhiculer des valeurs et principes de manière neutre. Vous pouvez nuancer en précisant que tout dire ne signifie pas obligatoirement tout montrer.

Vous pouvez ensuite vous opposer en expliquant qu'à vouloir tout montrer, les médias peuvent porter atteinte à la vie privée d'autrui. Vous pourrez préciser également qu'il n'est pas obligatoirement nécessaire de faire un étalage d'images pour transmettre une information (par exemple, pour des faits de violences...). Il est nécessaire de faire le tri, en particulier en fonction du public auquel le média s'adresse et ce dont il est en mesure de recevoir (par exemple, les enfants).

Vous pourrez conclure en expliquant que les médias peuvent tout montrer à condition que l'information soit contrôlée et de ne pas tomber dans le « tragique ».

Table des matières

Impression & brochage - France
Numéro d'impression : N19367230508 - Achevé d'imprimer : octobre 2024
Dépôt légal : octobre 2011